武器收藏指南
步枪

15 世纪至今世界经典步枪

【英】迈克尔·E.哈斯丘（Michael E.Haskew） 编著

祝加琛 于君华 译

康锦煜 主审

机械工业出版社

CHINA MACHINE PRESS

步枪的发展和改进已经有600多年的历史了。今天，步枪不仅在战场上起到重要的作用，而且应用于执法领域、狩猎活动和体育运动领域。

从15世纪的火绳枪到今天的突击步枪，步枪和霰弹枪随着技术的进步也在不断发展，从滑膛枪到突击步枪，从栓动步枪到连发步枪，从温彻斯特M1873型到AK-47突击步枪。本书配有200多幅彩色图片，均附有详细的性能介绍。

本书是一本专业但通俗易懂的步枪和霰弹枪史书。

Collector's Guides: Rifles & Muskets / by Michael E.haskew / ISBN：978-1-78274-151-0

Copyright © 2014 Amber Books Ltd

Copyright in the Chinese language (simplified characters) © 2021 China Machine Press.

This translation of Collector's Guides：Rifles & Muskets first published in 2021 is published by arrangement with Amber Books Ltd.

This title is published in China by China Machine Press with license from Amber Books Ltd. This edition is authorized for sale in China only, excluding Hong Kong SAR, Macao SAR and Taiwan. Unauthorized export of this edition is a violation of the Copyright Act. Violation of this Law is subject to Civil and Criminal Penalties.

本书由Amber Books Ltd 授权机械工业出版社在中华人民共和国境内（不包括香港、澳门特别行政区及台湾地区）出版与发行。未经许可的出口，视为违反著作权法，将受法律制裁。

北京市版权局著作权合同登记　图字：01-2016-3798号。

图书在版编目（CIP）数据

武器收藏指南 . 步枪 /（英）迈克尔·E. 哈斯丘（Michael E.Haskew）编著；祝加琛，于君华译 .—北京：机械工业出版社，2021.10
书名原文：Collector's Guides: Rifles & Muskets
ISBN 978-7-111-69340-6

Ⅰ . ①武… Ⅱ . ①迈… ②祝… ③于… Ⅲ . ①步枪 – 收藏 – 世界 – 指南 Ⅳ . ① G262.9-62

中国版本图书馆 CIP 数据核字（2021）第 208335 号

机械工业出版社（北京市百万庄大街 22 号　邮政编码 100037）
策划编辑：李　军　责任编辑：李　军
责任校对：王　欣　责任印制：郜　敏
北京瑞禾彩色印刷有限公司印刷
2022 年 1 月第 1 版第 1 次印刷
184mm×242mm·13.5 印张·2 插页·273 千字
0 001—2 000 册
标准书号：ISBN 978-7-111-69340-6
定价：99.00 元

电话服务　　　　　　　　网络服务
客服电话：010-88361066　机 工 官 网：www.cmpbook.com
　　　　　010-88379833　机 工 官 博：weibo.com/cmp1952
　　　　　010-68326294　金 书 网：www.golden-book.com
封底无防伪标均为盗版　机工教育服务网：www.cmpedu.com

目　录

▲ 野外演习时，一名步兵正在使用突击步枪瞄准目标。这种突击步枪的历史最早可以追溯到 600 年前。

引　言

我们可以将步枪简单地定义为：一根长的枪管（滑膛或膛线形式）安装在一个木制或合成材料枪托上，可以发射弹丸或子弹的武器。步枪的发展历史有600多年，它们已经成为人类发展历史中重要的一部分。

自从中国在9世纪发明火药后，人们就开始设想让火药推动致命的物体射向目标，这个目标可能是人、动物或其他任何东西。尽管用途多种多样，但步枪已经成为人类军事技术进步不可或缺的组成部分。早期的步枪是保家卫国时用于防御的工具，它们决定着战斗的胜负。

人类在对世界未知区域的探索和定居过程中，步枪提供了很大的帮助。步枪是一种生存手段，探险家和定居者用它可以保护自己的家庭；战士们用它去击败敌人。纵观人类历史，它是一种不可或缺的工具和武器。

作为战争工具，所有人都知道它的重要性，它能将一名普通人变成战士。几十年来，美国海军陆战队要求每一位新兵将步兵的信条牢记于心："这是我的步枪。很多步枪都长得一样，但这一把是我的。它是我最好的朋友，它是我的生命。我必须熟练掌握它。没有我，它毫无用处。没有它，我毫无用处……"

步枪从15世纪到17世纪间广泛使用的火绳枪和滑膛枪一直发展到现代突击步枪、自动步枪和冲锋枪。在军事世界中，步枪一直让士兵的战斗力最大化。在民用世界中，步枪的使用者主要是狩猎者和射击运动员，而且在有些国家，正确使用步枪被认为是年轻人的成人礼。现代霰弹枪与17世纪的滑膛大口径短枪（军方和平民都会使用）有着相似的血统。

提高精准度和射程

膛线步枪和滑膛步枪的区别在于枪管中有无膛线。膛线的

▼ 这是一件木刻作品，我们能看到一名扛着火绳枪的士兵，火绳枪采用前膛装弹，出现时间是15世纪到17世纪。

定义是枪管内表面加工成的螺旋槽，这个螺旋槽可以让子弹在枪管内或离开枪管后保持旋转状态，以实现更高的精准度和更远的射程。尽管人们很早就知道了膛线的很多优点，但直到18世纪中期膛线才被广泛使用。

早期膛线步枪存在操作问题，并且无法实现大规模生产，而滑膛步枪操作简单，可以满足大规模生产的需求，因此在当时的军队和民间，滑膛步枪有着至高无上的地位。当时滑膛步枪的性能完全可以满足战斗的需要，这也导致膛线的引入被推迟。滑膛步枪的球形弹丸尺寸比较小，可以松散地容纳在枪管内，因此在射击时弹丸会在枪管内来回弹动，进而降低枪口速度。相对较低的枪口速度会导致射程更短，并且弹丸在接近目标时其威力会显著下降。但是，当部队整体作战时，所有士兵都朝着相同的目标射击，单个武器的精准度就显得不那么重要了。

起初，膛线步枪的使用很有限，因为发射时产生的黑火药残渣和浓烟会让枪管快速污损，这样会挡住目标并且浪费掉膛线步枪的远程射击优势。此外，枪口装弹是既费时又费力的工作。在军队中，早期膛线步枪几乎完全由那些经常单独行动的神枪手使用。此外，平民猎人也开始使用膛线步枪。

尽管早在18世纪，人们就知道比圆形铅弹空气动力学性能更好的细长形子弹可以实现更快的速度和更高的精准度，但以后很长时间里弹道方面的研究进展仍然甚微。直到19世纪40年代，克劳德·艾蒂安·米涅（1804—1879）及其团队研制出了一种新型子弹，即米涅弹。米涅弹这种圆锥形子弹由带有外部凹槽和中空锥形底座的软铅制成，它彻底改变了膛线步枪的使用。当米涅弹被击发时底部会膨胀，紧紧"抓住"枪管内部的螺旋膛线，不让任何推进气体跑出，进而提高枪口速度。

米涅弹事先被放置在一个合适的纸筒内。使用者首先将火药倒进枪管，接着装进子弹，再用推弹杆压紧，最后扣动扳机。由于枪管内部更清洁，几乎没有残渣，因此米涅弹能显著提高枪口速度、精准度和射程。

▲ 在美国内战时期，狙击手在壕沟的保护下搜寻目标。图中描述的是 1864—1865 年间彼得斯堡被长期围困的场景。

射速

19 世纪出现了全新的后膛装弹步枪，它比前膛装弹步枪的射速更高。早期的膛线步枪基本上都是模仿了滑膛步枪的外观和机制，因此有人也称它们为"有内螺纹的滑膛步枪"。弹药的改进和后膛装弹机制的出现加速了膛线步枪在军队中的使用。19 世纪中期爆发了很多大规模军事冲突，其中就包括美国内战。在这些冲突中，由于膛线步枪技术的进步和米涅弹的广泛使用，造成了极高的战场伤亡率，武器性能变得与战术同样重要。在战斗中，士兵们排成一排向敌人射击，熟练的士兵能够在一分钟内完成装填、瞄准和射击三次，他们能以毁灭性的速度精准地击毙或击伤敌人。

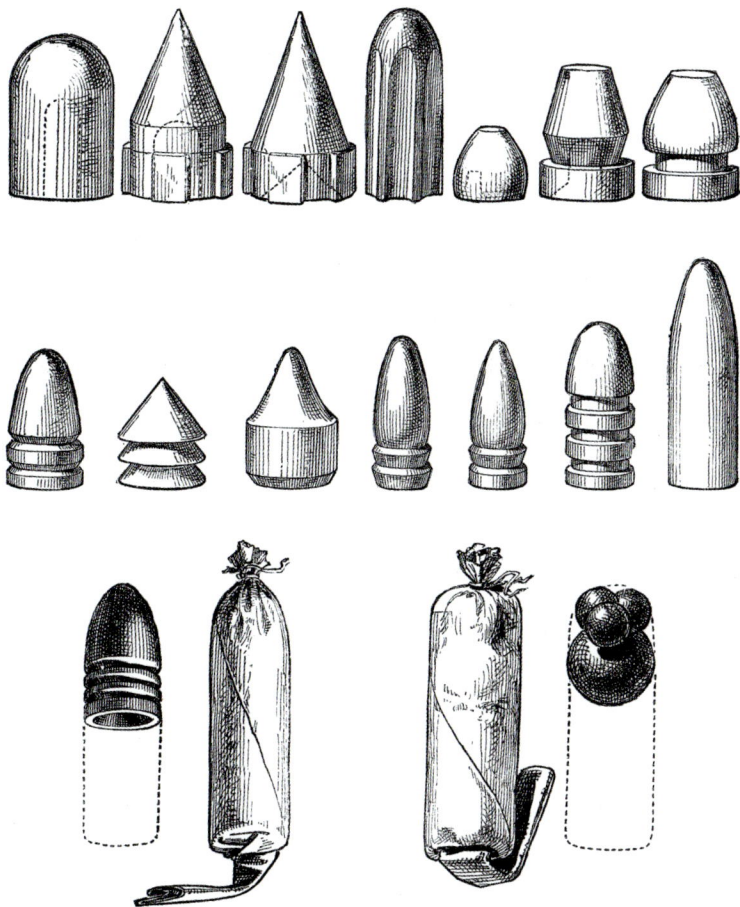

▶ 早期的步枪使用过各种不同的子弹，其中包括米涅弹，它对步枪的精准度和杀伤力产生了革命性的影响。

到第一次世界大战时，膛线步枪已经成为作战双方的标准装备。到 19 世纪末，连发步枪开始出现，单兵火力得到大幅度增强。使用多发弹夹的栓动步枪出现后，进一步增强了单兵火力。冲锋枪和自动步枪的出现更是让单兵火力达到了巅峰。

AK-47 突击步枪

第二次世界大战期间出现了很多半自动步兵步枪和世界上第一支作战突击步枪。第二次世界大战结束后不久，经典的 AK-47 突击步枪问世。AK-47 突击步枪是近代最广泛制造和使用的单兵武器。在半个多世纪后，AK-47 突击步枪仍然在单兵自动武器领域占有很高的地位。

与此同时，霰弹枪也随着被俗称为"鸟枪"而发展起来，成为很理想的狩猎鸟类和其他小动物的工具。霰弹枪是一种发射小口径或块状子弹的滑膛武器，但它很适合近距离使用，尤其适于移动射击中的小目标。理论上，霰弹枪的使用者不需要精确瞄准，因为发射的子弹呈散射模式，可以击中很大的范围。当然，子弹也不能过于分散，必须有足够的威力击倒目标。

除了狩猎小动物外，霰弹枪还能用作防御武器，希望用它巨大的威力来阻止敌人。在美国西部，在马车通道上保卫乘客和贵重物品的警察通常都装备着霰弹枪。早期的霰弹枪利用击锤撞针机制来发射，并通过断开后膛来装弹，到 19 世纪中期无击锤霰弹枪变得越来越受欢迎。后来，人们又研发出了多发霰弹枪，例如有的霰弹枪就装有一个七发内置弹夹。从 19 世纪末到现代时期，人们还研制出了杠杆式、压动式和半自动霰弹枪。

▼ 美国海军陆战队在训练使用 AK-47 突击步枪。截至今天，AK-47 的产量为 5000 万 ~7500 万支。

随着时间的推移，霰弹枪的用途越来越广泛，包括狩猎、控制暴乱和近距离军事行动。发射金属块子弹的膛线霰弹枪可以用来射击像鹿那样大的猎物，子弹的威力很大，足以让猎物致残。

在第一次世界大战期间，美国军队在西线战场经常会遇到壕沟战，所以认为霰弹枪是一种非常有效的近距离作战武器。在第二次世界大战、越南战争、伊拉克战争和阿富汗战争中，霰弹枪都是很受欢迎的近距离作战武器。在巷战中，经常要遇到破门而入的情况，此时一把霰弹枪就显得很有优势。此外，全世界的执法人员往往都配备霰弹枪。

在运动员手中，霰弹枪往往是用来进行飞碟射击。这种运动是奥林匹克比赛的正式项目，并且很受欢迎，在比赛中往往要经过激烈的竞争才能决出胜负。

今天，步枪和霰弹枪的发展仍然持续影响着社会和文化的发展。那些探索过人类浩瀚历史的学者往往都对前人能够发明出武器、工具等如此精巧的机械装置而肃然起敬。

▲ 在 1864 年弗吉尼亚冷港的突袭行动中，南方邦联军队的集中步枪火力将北方联邦军队彻底打败。

第一章　早期的步枪

对滑膛步枪来说，最早的闭锁机制（击发机制）是火绳机制。这种创新允许使用者在战斗时双手持枪并用眼睛瞄准目标，不再需要用一只手拿着燃烧的火柴来点燃火药池。

火绳机制最早出现在15世纪中期，在随后的一个世纪，火绳机制成为步枪的标准配置。火绳机制的原理是一根被称作蛇形杆的弯曲杆，弯曲杆顶部有一个夹子，夹子上是一根缓慢燃烧的火柴。滑膛步枪的底部有一根连接着弯曲杆的连杆。当连杆被拉动时，夹子上的燃烧物（处于缓慢燃烧的状态）会被放入火药池，点燃起爆火药，起爆火药通过点火孔引燃主火药，从而将子弹发射出去。

到16世纪初出现了轮锁机制，轮锁机制由一个负载弹簧和锯齿轮组成，锯齿轮可以跟随一个旋转销转动，旋转销上装有一块黄铁矿。使用者使用一个类似扳手的工具来旋转锯齿轮约270°，接着旋转销被放低到火药池盖顶部。当扣动扳机时，火

火绳枪	
原产国	德国
时间	1450 年
口径	10.9 毫米
重量	4.1 千克
全长	1.2 米
装弹	单发，前膛装弹
射程	45.7 米

▼ 狗锁机制是英国人对于早期步枪的创新，它主要由燧石、火镰和狗锁保险器来实现。当重新装弹时，狗锁保险器能防止击锤过早地撞击火镰。

药池盖会打开，黄铁矿会掉进去。锯齿轮和黄铁矿摩擦产生的火星会点燃火药池上的起爆火药，进而击发主火药，最终将子弹发射出去。

轮锁枪	
原产国	意大利或德国
时间	1500 年
口径	10.9 毫米
重量	1.81 千克
全长	381 毫米
装弹	单发，前膛装弹
射程	27.34 米

点火机制

到 17 世纪，英国出现了狗锁机制。狗锁机制算是燧发机制的先驱，它包括燧石和火镰。火镰是一块 L 形金属，它覆盖着装有起爆火药的火药盘。狗锁机制还包括一个名为"狗锁"的保险器，当发射机制处于半击发状态时，狗锁保险器就会起作用。当重新装弹时，狗锁保险器能防止击锤过早地撞击火镰。完成装弹后，击锤就会推动到最前端使狗锁落到水平位置，接着扣动扳机时就能击发武器。

狗锁枪是英国特有的一种武器，到 18 世纪初期，它已经成为国家军队战斗实力的象征。当燧发枪已经开始出现时，在1704 年布伦海姆和 1709 年马尔普拉凯的主要战斗中，大部分英

狗锁枪	
原产国	英国
时间	1640 年
口径	17.53 毫米
重量	1.81 千克
全长	406.4 毫米
装弹	单发，前膛装弹
射程	36.58 米

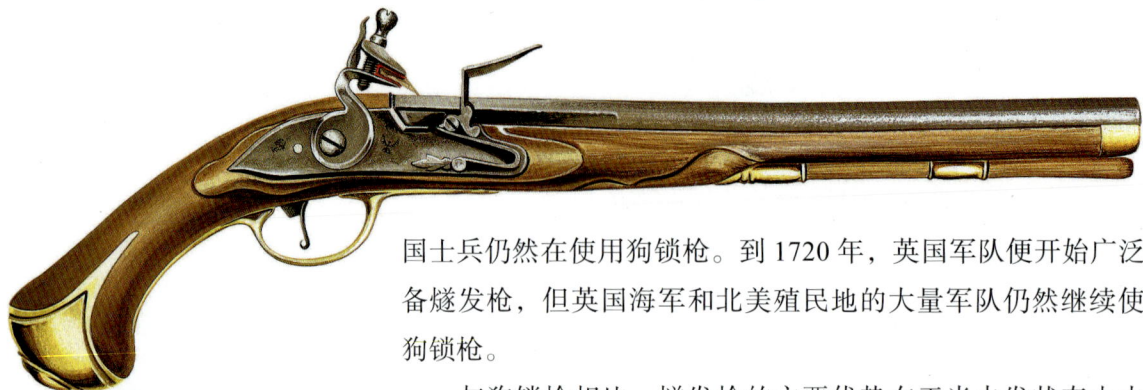

燧发枪

原产国	法国
时间	1610 年
口径	11.43 毫米
重量	2.27 千克
全长	406.4 毫米
装弹	单发，前膛装弹
射程	50 米

国士兵仍然在使用狗锁枪。到 1720 年，英国军队便开始广泛装备燧发枪，但英国海军和北美殖民地的大量军队仍然继续使用狗锁枪。

与狗锁枪相比，燧发枪的主要优势在于半击发状态由内部机械装置来完成，进而取消了外部狗锁保险器。随后的 200 多年里，燧发枪主导着步枪的发展，直到 19 世纪中期撞击机制和弹壳子弹系统出现。

燧发机制本身要归功于法国枪械专家马林·乐·布瓦尔，他充分借鉴了此前所有的击发机制的优点，将它们结合起来形成了第一种真正意义上的燧发机制，并在 1610 年将它献给了国王路易十三。从 17 世纪开始，很多国家都基于这种燧发机制原理制造出各种型号的燧发枪，包括后膛装弹型号和膛线型号。但是膛线步枪在装弹时很困难，因此大部分燧发枪仍然采用滑膛形式。

黑火药滑膛步枪

在美国解放战争时期，英国军队都装备了一种名为 Brown Bess（明火枪）的燧发滑膛步枪，Brown Bess（明火枪）这个绰号的起源不得而知，但它涵盖了各种口径、枪管长度和闭锁机制的型号。英国军队装备的是 19 毫米口径燧发滑膛步枪，其服役时间超过 100 年，从 1722 年一直持续到 1838 年。后来，它们最终被撞击式滑膛步枪取代。

英国军队的燧发滑膛步枪的射程大约为 160 米。1722—1768 年，英国军队中装备的燧发枪主要是 1168 毫米和 1587 毫米长枪管两种型号。此外，骑兵部队则使用较短枪管的型号，枪管长度为 1067 毫米，总长为 1486 毫米。此外，还有尺寸更

▲　各种配置的 Brown Bess（明火枪）在一个多世纪的时间里，一直是英国军队的标准武器。

Brown Bess
（明火枪）

原产国	英国
时间	1722 年
口径	18 毫米
重量	4.8 千克
全长	1490 毫米
装弹	单发，前膛装弹
射程	91.44 米

沙勒维尔滑膛步枪

原产国	法国
时间	1717 年
口径	17.5 毫米
重量	4.5 千克
全长	1524 毫米
装弹	单发，前膛装弹
射程	182.88 米

小的骑兵和海军型号出现，它们在军队中的服役时间超过 40 年。

1797—1854 年，英国步兵普遍装备 990 毫米枪管长度、1397 毫米全长的型号。这种步枪最初是由东印度公司购买的，让其士兵在埃及使用。

法国的滑膛步枪

法国沙勒维尔滑膛步枪可以追溯到 1717 年，当时它是法国军队中的标准武器。随后，人们对它进行了很多次改装。沙勒维尔滑膛步枪的总产量超过 15 万支，其中 17.5 毫米口径的型号直到 1840 年仍然在服役。沙勒维尔滑膛步枪的枪管长度为 1130 毫米，全长为 1524 毫米。沙勒维尔 M1777 型滑膛步枪是众多衍生型号中的一种，它装有一个改进的枪托（使用者的脸颊可以贴上去便于休息）和扳机护圈。在美国解放战争时期，很多美国士兵和在北美战斗的法国士兵都使用这种滑膛步枪。

在美国，M1795 型滑膛步枪要归功于发明家伊莱·惠特尼，伊莱·惠特尼最出名的成绩是发明了轧棉机，而轧棉机的出现也间接导致了美国内战的爆发。M1795 型滑膛步枪本质上是从法国沙勒维尔滑膛步枪演变来的，其主要产地是马萨诸塞州的斯普林菲尔德兵工厂。M1795 型的产量大约为 15 万支，其服役生涯接近 70 年，见证了 1812 年战争、美墨战争和后来的美国

内战。很多前往北美大陆西部探险的刘易斯和克拉克探险远征队成员都携带着 M1795 型，M1795 型的射程和其他滑膛步枪基本相同，在 55~69 米之间。后来，人们将很多 M1795 型由原来的燧发机制改装成撞击机制。

19 世纪英国军队入侵印度、阿富汗和其他中亚国家，他们经常遇到装备吉赛尔步枪的部落战士的顽强抵抗。吉赛尔步枪是一种专门为军事用途设计的前膛装弹滑膛步枪。"吉赛尔"算是一种总称，它包含从 13~19 毫米口径范围内的各种枪管长度的步枪，击发机制既有原始的火绳机制，又有燧发机制。但到 19 世纪中期，燧发机制似乎显得有些落后。

吉赛尔步枪比欧洲和美国步枪更重，但在 1839—1842 年的英阿战争中，阿富汗部落勇士的英勇让英国士兵付出了沉重的代价。一名英国士兵写道："阿富汗狙击手射击技巧熟练，他们的吉赛尔步枪可以在 228 米的距离外射击粗糙的子弹、长铁钉甚至鹅卵石。背着吉赛尔步枪的阿富汗士兵就像一片片羽毛，从一块岩石弹向另一块岩石。"

黑火药膛线步枪

到美国解放战争时期，帕特里克·弗格森上校是英国军队中远近闻名的神枪手。随后，弗格森被派遣到动荡的北美殖民

沙勒维尔滑膛步枪	
原产国	阿富汗
时间	1725 年
口径	19.05 毫米
重量	6.35 千克
全长	1829 毫米
装弹	单发，前膛装弹
射程	228.6 米

弗格森滑膛步枪

原产国	英国
时间	1770 年
口径	16.51 毫米
重量	3.5 千克
全长	1524 毫米
装弹	单发，后膛装弹
射程	274 米

地，此时他携带着一支自己基于肖梅特原始设计（可以追溯到 1704 年）改装的燧发枪（他改装过大约 100 支），即弗格森膛线步枪。弗格森膛线步枪可以在发射三次后，再从顶部重新装弹。事实上，弗格森获得了这种改进型步枪的专利。1777 年 9 月 7 日，身为国王第 70 步兵团军官的弗格森，在宾夕法尼亚州的布兰迪万溪银行门口偶遇了一名骑着栗色战马的身材高大的美国军官。

弗格森后来写道："尽管他可以轻易地给那名美国军官致命一击，但他认为向一名无辜者的背后射击显得很没有风度，所以我放他走了。"后来，弗格森发现那名他本可以轻易杀死的人正是乔治·华盛顿总司令。众所周知，后来华盛顿带领美国军队赢得了美国解放战争，并成为美国第一任总统。

弗格森的膛线步枪在当时显得有点超前，它确实比当时其他步枪有更高的发射速度。但是，此时 Brown Bess 步枪已经进入大规模生产阶段，而弗格森步枪的高成本则让人望而却步。人们相信弗格森步枪参加过 1777 年的萨拉托加战役和 1780 年的围攻查尔斯顿战役。由于成本很高且结构复杂，弗格森步枪从未大规模生产。

肯塔基膛线步枪

肯塔基步枪由美国肯塔基和宾夕法尼亚的枪械设计师在大约 1700 年研制，它是庞大步枪家族中的一种。它在美国开拓西部的阿勒格尼山脉的时期表现非常突出。肯塔基步枪的枪管长度比欧洲步枪更长，为 813~1219 毫米。枪管是膛线形式的，但当时膛线步枪还没有被广泛使用，仍然比不上滑膛步枪的地位。

肯塔基步枪既可以用作狩猎武器，也可以用作军事武器，

它参加过法国印第安人战争、1812 年美国解放战争，以及在 18
世纪后半段西部移民与美国土著爆发的多次冲突。技艺精湛的
枪械设计师经常会在硬木枪托和枪管上进行雕刻，因此肯塔基
步枪的枪托和枪管上有时会有丰富的装饰雕刻。

在熟练的使用者手中，肯塔基步枪的射程能超过 274 米。
我们能从一个关于丹尼尔·布恩的故事中了解到肯塔基步枪的
射程优势。1778 年，肯塔基州布恩区被一支由英国正规军及
其盟友组成的联合军队围攻。此时，一名军官从一棵大树的隐
蔽处向外观望，随即便被布恩从 228 米以外发射的子弹击中身
亡。美国在 1700—1900 年间共制造了约 7.3 万支肯塔基步枪，
它们的口径为 6~19 毫米，其中最常见的是 10~12.19 毫米型号。
1792 年，美国军队又开始装备一种缩小的步枪——M1792 型。

贝克步枪也被称为 1800 型步兵步枪，它的设计者是东
伦敦白教堂地区的枪械师伊齐基尔·贝克。贝克步枪发布于
1800 年，它成为英国军队使用的第一种膛线步枪。贝克步枪
采用燧发机制和前膛装弹，为了让子弹紧贴枪管内部的膛线，
使用者有时需要一个小木槌来完成装弹工作。最常用的贝克
步枪是 15.9 毫米口径型号，其枪管长度为 769 毫米，全长为
1168 毫米。

1801—1837 年间，贝克步枪的使用者主要是英国的精锐部
队，它们在拿破仑一世战争和 1812 年战争时期的表现非常出色。
此外，在美国人手中，它们也参加了 19 世纪中期的西进运动和
得克萨斯州从墨西哥独立出来的战争。贝克步枪的产量约为 2.2
万支，它的特点是精准度高。

肯塔基步枪	
原产国	美国
时间	1700 年
口径	12.19 毫米
重量	4.54 千克
全长	1778 毫米
装弹	单发，后膛装弹
射程	274 米

▲ 美国拓荒者丹尼尔·布恩和他两个最忠实的伙伴——狗和肯塔基步枪。在训练有素的人手里，肯塔基步枪可以实现极高的射击精准度。

在半岛战争期间，惠灵顿公爵手下的第 95 步兵团第 1 营的托马斯·普伦基特在很远的距离击中了法国将军奥古斯特·玛丽·弗朗索瓦·科尔伯特。随后，普伦基特又击中了另一名帮助科尔伯特的军官。此外，标准的贝克步枪还有一种经过改装的卡宾枪型号。

布伦瑞克膛线步枪

19 世纪中期，英国军方考虑替换掉老式的贝克步枪，当时有好几种备选方案，其中最突出的是布伦瑞克步枪，一种 17.88 毫米口径前膛装弹撞击式武器。布伦瑞克步枪的设计始于 1836 年，第二年开始生产后一直持续了 50 多年。最初人们对它的评价是笨重，发射与膛线匹配的带槽子弹，而且它无法使用此前英国军队使用的标准纸包弹。尽管如此，英国军队仍然决定在适当改进后大规模装备。

在与贝克步枪的一对一对比测试中，人们发现在射击远距离目标时，布伦瑞克步枪更精准。此外，布伦瑞克步枪更耐用并且需要更少的维护。1837 年，英国军方决定大规模生产布伦瑞克步枪，并将其口径从 16.5 毫米加大到 17.88 毫米。最初，由于恩菲尔德兵工厂的生产能力有限，无法在短时间内完成 1000 支步枪的订单，因此很多步枪都是分布在伦敦各处的许多小作坊制造出来的。

尽管布伦瑞克步枪重新装弹很麻烦，但它还是以惊人的数量装备到英国军队中，并参加了很多殖民地的冲突战争。在美国内战期间，南方部队购买了大量布伦瑞克步枪，并且在维克斯堡围攻战中，路易斯安那州的军队就装备了这种步枪。

贝克步枪	
原产国	英国
时间	1800 年
口径	15.9 毫米
重量	4.1 千克
全长	1168 毫米
装弹	单发，前膛装弹
射程	183 米

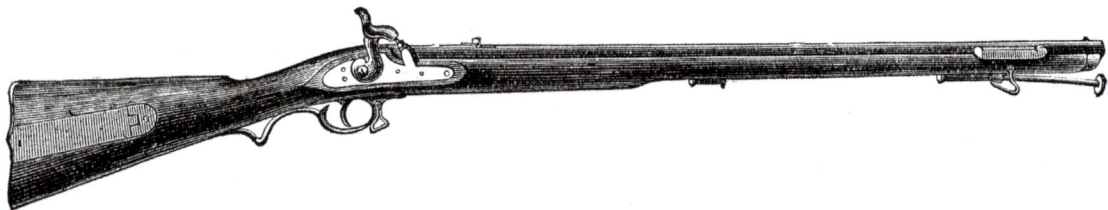

布伦瑞克步枪

原产国	英国
时间	1836 年
口径	17.88 毫米
重量	4.5 千克
全长	1160 毫米
装弹	单发、前膛装弹
射程	274 米

恩菲尔德 M1853 型步枪

原产国	英国
时间	1853 年
口径	14.65 毫米
重量	4.3 千克
全长	1400 毫米
装弹	单发、前膛装弹
射程	1800 米

美国内战期间，斯普林菲尔德 M1861 型是战争双方最常用的步枪，排名第二的是恩菲尔德 M1853 型。据估计，战争期间出口到美国的恩菲尔德 M1853 型步枪的数量超过 90 万支。恩菲尔德 M1853 型步枪简称为"有膛线的滑膛枪"，因为其长度与原来老式的滑膛枪完全相等。在标准滑膛枪射击队形中，第二排士兵的滑膛枪管要更长，使其可以越过前排士兵的脸，防止发生意外。此外，步枪有时候需要安装刺刀，因此枪管也需要有足够的长度。

恩菲尔德 M1853 型步枪基本上是为新型弹药的使用而研制的。它是一种 14.65 毫米口径前膛装弹武器。这种新型弹药是英国专门为回应法国高效米涅弹而研制的一种类似的子弹，完全能够与先进的法国弹道学相媲美。由于订单比较急切，恩菲尔德 M1853 型步枪的生产由英国皇家兵工厂和一些独立承包的枪械作坊共同来完成。

恩菲尔德 M1853 型步枪的枪管长度为 838 毫米，总长为 1400 毫米，并采用了比燧发机制更先进的撞击击发机制。在熟练士兵手中射速可达每分钟 3 发，最大射程可达 1800 米。1853—1867 年间，恩菲尔德 M1853 型步枪的产量达到 150 万支，它一直在英国军队中服役到 1889 年。恩菲尔德 M1853 型步枪参加过很多著名战役，包括克里米亚战争、印度兵变和新西兰

▲ 在克里米亚战争的阿尔玛之战中，冷溪近卫步兵团凭借恩菲尔德 M1853 型步枪的密集火力打败了俄国军队。

土地战争。

19 世纪 50 年代早期，英国军队处于从滑膛步枪到膛线步枪的过渡阶段。1853 年底，恩菲尔德 M1853 型步枪开始大规模生产。1855 年 2 月，第一支恩菲尔德 M1853 型步枪到达克里米亚半岛，新一代步枪开始装备到英国军队中。

19 世纪初期，美国西弗吉尼亚州的哈珀斯费里联邦兵工厂生产了三种型号的步枪。哈珀斯费里 M1795 型是一种前膛装弹燧发机制步枪，其口径为 17.5 毫米，枪管长度为 1130 毫米。有些枪支爱好者和学者能将哈珀斯费里 M1795 型与同一时期斯普林菲尔德兵工厂生产的型号区别开来。

哈珀斯费里 M1795 型步枪	
原产国	美国
时间	1795 年
口径	17.5 毫米
重量	4.54 千克
全长	1524 毫米
装弹	单发，前膛装弹
射程	55 米

13.7 毫米口径的哈珀斯费里 M1803 型是美国军队官方要求生产的第一种步枪。有趣的是，人们并不希望步兵与敌人进行近距离战斗，因此并没有给它配备刺刀。17.5 毫米口径的哈珀斯费里 M1816 型经过略微改装，它的生产时间是 1817—1844 年。在美国内战期间，很多燧发步枪都被改装成撞击式步枪。

英国军械师约瑟夫·曼顿出生于 1766 年，它在燧发枪的黄金时期研制出世界上最优秀的步枪。曼顿在 29 岁时发明了一种新颖的工具，人们利用这种工具可以很容易地将滑膛枪管改装成膛线枪管。他还设计了可以快速填装的子弹，对现代弹药的发展产生了深远的影响。他发明的管锁机制比燧发机制更先进，并且在奥地利军队中有所应用，但并没有像撞击机制那样被广泛应用。

撞击式膛线步枪

哈珀斯费里 M1816 型步枪	
原产国	美国
时间	1816 年
口径	17.5 毫米
重量	4.54 千克
全长	1473 毫米
装弹	单发，前膛装弹
射程	91 米

燧发机制的替代者是撞击机制，撞击机制利用一个击锤来撞击装满雷酸汞的火帽，进而击发主火药。在撞击机制中，火帽被放置在一个小接头上，小接头包含有一根进入枪管的小管。当击锤撞击火帽时，火帽内部会发生一个小爆炸，产生的火星会通过小管进入枪管引燃主火药。

在墨西哥战争期间，杰弗逊·戴维斯上校（后来南方邦联的总统）指挥一支来自密西西比的军队。他认为自己的士

兵应该装备较新型的 M1841 型步枪。戴维斯请求他的上级温菲尔德·斯科特将军，但遭到了拒绝。但是他并没有气馁，将要求提交给了詹姆斯·K.波克总统，最终获得批准。最后，戴维斯上校得到了所需的步枪，此后这种步枪便被称作密西西比 M1841 型，而且这件事也标志着戴维斯和斯科特不和的开始。

　　密西西比 M1841 型步枪的生产地址是哈珀斯费里兵工厂，此前美国对兵工厂进行了大规模整修，将原来的生产滑膛步枪设备改造成生产新型膛线步枪的设备。在总监伊莱·惠特尼和领班托马斯·华纳（他们此前有生产恩菲尔德步枪的经验）的带领下，这种步枪的生产从 1841 年一直持续到 1861 年，并最终演变成 M1855 型步枪和斯普林菲尔德 M1861 型步枪。

▼ 在墨西哥战争中，装备密西西比 M1841 型步枪的美国士兵。

密西西比 M1841 型步枪

原产国	美国
时间	1841 年
口径	13.72 毫米
重量	4.2 千克
全长	1230 毫米
装弹	单发、前膛装弹
射程	1006 米

13.72 毫米口径的密西西比步枪是美国军队正式装备的第一种撞击机制步枪。1855 年，人们又将其口径改为 14.73 毫米，以兼容高效的米涅弹。最初的密西西比步枪都装有 V 形槽口瞄准器，但后来都换成了叶状以及后来的梯状瞄准器。密西西比步枪全长为 1230 毫米，枪管长度为 838 毫米。尽管在美国内战前夕，密西西比 M1841 型步枪被认为有些过时，但南北双方军队仍然装备了很多。此外，滑膛步枪仍然被大量使用，而且由于武器装备短缺，很多志愿者都拿着燧发枪和老式霰弹枪参加战斗。

14.73 毫米口径的斯普林菲尔德 M1855 型步枪全长为 1422 毫米，枪管长度为 1016 毫米，尽管这与原来的滑膛步枪完全相同，但它还是被认为是一种有膛线的滑膛枪。1856—1860 年，斯普林菲尔德 M1855 型步枪的产量大约为 6 万支，主要产地是马萨诸塞州的斯普林菲尔德兵工厂。

人们研发斯普林菲尔德 M1855 型步枪的时间正是撞击机制得到广泛应用的时期。但是，他们并没有在 M1855 型步枪上使用标准的撞击火帽部件，而是决定使用梅德龙纸带起爆剂。梅德龙纸带是爱德华·梅德龙设计的一套系统，旨在加快步枪的装弹速度。步枪的击锤翘起时，纸带会将自爆火药送到正确的位置，这样就消除了使用者在接头上放置单个撞击火帽的需要。但是梅德龙纸带的试验最后以失败告终，因为纸带并没有人们

斯普林菲尔德 M1855 型步枪

原产国	美国
时间	1855 年
口径	14.73 毫米
重量	4.1 千克
全长	1422 毫米
装弹	单发、前膛装弹
射程	270 米

预期的那样防水，而且供弹机制也经常失灵。在战场上，很多士兵都放弃了梅德龙纸带，转而自己动手安装撞击火帽。

M1855 型步枪非常容易辨认，因为击锤下部有一个很明显的驼峰，使用梅德龙纸带才必须有这个驼峰。在美国内战前夕，设计者停止使用梅德龙纸带，并进行了其他改进，最终推出了斯普林菲尔德 M1861 型。M1855 型参加的第一场战斗是 1858 年华盛顿州斯波坎附近的四湖战役。在熟练的士兵手中，M1855 型实现每分钟 3 发的高射速，可以给予敌人致命的打击。

约瑟夫·惠特沃思是一名很有才华的英国工程师和发明家，他在 19 世纪 50 年代中期研制出了惠特沃思步枪（惠氏步枪），目的是用它作为恩菲尔德 M1853 型步枪的潜在替代者。惠氏步枪的独特之处在于使用了六边形枪管，这样就消除了带槽子弹的必要性。

1857 年，惠氏步枪在一系列平行对比测试中击败了恩菲尔德 M1853 型步枪。在测试中，惠氏步枪最令人印象深刻的表现是，它击中了 1829 米外的目标，比恩菲尔德 M1853 型步枪足足多了 549 米。但是，由于惠氏步枪成本高，而且存在易于被残渣污损的问题，英国军方并没有大规模装备。

南方邦联的神枪手

惠特沃思成功地将 1857—1865 年间生产的 1.3 万支惠氏步枪出售给法国军队，此外在美国内战期间南方军队也购买了一些。惠氏步枪在南方军队中很受欢迎，但由于数量有限，士兵往往要通过比赛来决定谁能拥有，只有最好的神枪手才有资格拥有。大部分惠氏步枪都装有可调节片状瞄准器，以补偿风的影响。

惠氏步枪

原产国	英国
时间	1854 年
口径	11.43 毫米
重量	4.1 千克
全长	1244 毫米
装弹	单发，前膛装弹
射程	1400 米

▶ 英国发明家约瑟夫·惠特沃思（1803—1887）研制了著名的惠氏步枪，惠氏步枪精准度极高，有些人将它看成是世界上第一支狙击步枪。

1864 年 5 月 9 日在弗吉尼亚州的斯波特瑟尔韦尼亚战役期间，北方联邦总参谋长约翰·塞奇威克斥责他的指挥和参谋人员在听到（惠氏步枪发射的）子弹声后都躲在隐蔽处。塞奇威克认为南方邦联的神枪手不可能在 914 米外的地方射中他们。他向自己的部下说道："什么？一发子弹都吓成这样，不觉得羞耻吗？敌人全面开火时，你又往哪里躲呢？我为你们感到羞耻。他们在这么远的距离外连一头大象也打不中！"

塞奇威克站在开阔地几秒钟后，重复着自己的话："我为你们感到羞耻，一群胆小鬼。他们在那样的距离下连一头大象也打不中。"突然，一发子弹击中了他的右眼下部，他当即身亡。

据说，后来有 5 名南方军队神枪手都声称那发子弹是自己用惠氏步枪发射的。

前膛装弹惠氏步枪的口径为 11.43 毫米，枪管长度为 838 毫米，全长为 1244 毫米。

美国枪械师和发明家夏普斯在 1848 年研制了一系列以自己名字命名的步枪，其中最出名的是一种单发 13.2 毫米口径军用步枪，而且它是美国内战期间出现的第一种后膛装弹撞击式火帽步枪。很多美国神枪手都使用夏普斯步枪，其中最有名的是海勒姆·柏丹上校指挥的美国第二神枪手小队。

柏丹上校手下的神枪手都身穿鲜明的绿色制服，他们必须通过非常严格的射击考试。他们所用的步枪重量较轻，只有 3.6 千克，而且价格高达 42.5 美元。这种神枪手能实现 8~10 发/分钟的高射速，他们在很多重大战役中都有出色的表现，包括安提塔姆战役、钱斯勒斯维尔战役和盖茨堡战役。夏普斯步枪还有一种适合骑兵使用的卡宾枪型号，很多美国骑兵都使用这种武器，直到出现了更先进的连发卡宾枪。1850—1881 年间，夏普斯步枪的产量高达 10 万支，直到 19 世纪 90 年代夏普斯步枪的射击运动型号仍然很受欢迎。

海勒姆·柏丹也是一名枪械专家，他对自己第二神枪手小队所用的夏普斯步枪进行过多次改装。1868 年，他研制出一种全新的步枪——柏丹步枪。1870—1891 年间，柏丹步枪成为沙皇俄国军队装备的标准步枪，直到后来被莫辛-纳甘步枪取代。

夏普斯步枪

原产国	美国
时间	1848 年
口径	13.2 毫米
重量	4.3 千克
全长	1200 毫米
装弹	单发，后膛装弹
射程	460 米

柏丹步枪

原产国	美国
时间	1868 年
口径	10.6 毫米
重量	4.2 千克
全长	1300 毫米
装弹	单发，后膛装弹
射程	284 米

柏丹步枪有两种型号：一种是无击锤后膛装弹的 M1868 型，生产地是美国的柯尔特工厂；另一种是单发栓动 M1970 型，生产地是英国的伯明翰轻武器兵工厂和俄国的几个兵工厂（为俄国军队生产）。两种型号的口径都是 10.6 毫米，这种步枪还被俄国的狩猎者和射击运动爱好者广泛使用。20 世纪 30 年代，公司还生产了柏丹步枪的霰弹枪型号。柏丹步枪及其衍生型号的总产量超过 300 万支，除了美国和俄国军队外，它的使用者还包括芬兰、保加利亚和塞尔维亚军队。

早期的弹壳子弹步枪

19 世纪中期，早期的弹壳子弹步枪进入全盛时期，并开始被广泛使用。欧洲和美国的很多弹壳子弹步枪都在步枪的演变过程中处于很显著的地位，随着后膛装弹步枪逐渐取代老式的、射速慢的前膛装弹步枪，它们也将步兵火力提升到一个新的高度。在 1870—1871 年间的普法战争中，普鲁士和法国军队都装备了著名的后膛装弹弹壳子弹步枪，这些武器都表现得很出色。

从 1848 年到普法战争结束，普鲁士军队使用的主要是德莱赛步枪。德莱赛步枪有一个很细的撞针，撞针穿过一个纸质弹壳并撞击子弹底部的火帽。德莱赛步枪是世界上第一种此类型弹膛的栓动步枪，它的发明者是德国枪械师约翰·尼古拉斯·冯·德莱赛。1841 年，普鲁士决定开始生产这种步枪，但直到 7 年后才开始装备。

在 1866 年的普奥战争中，德莱赛步枪让普鲁士士兵占据了绝对的优势。当时奥地利军队仍然使用老式前膛装弹步枪，德莱赛步枪的射速可达 12 发 / 分钟，比奥地利士兵使用的步枪快出好几倍。尽管德莱赛步枪很新颖，但它还存在很多缺点。随着射击的持续，大量气体会从枪膛逸出，这会降低枪口速度。

德莱赛步枪	
原产国	普鲁士
时间	1841 年
口径	15.4 毫米
重量	4.7 千克
全长	1420 毫米
装弹	单发，后膛装弹
射程	600 米

德莱赛步枪的口径为 15.4 毫米，尽管威力比较大，但这也会影响有效射程。

德莱赛步枪具有令人印象深刻的优异性能，而这也迫使法国努力研发自己的后膛装弹步枪，结果就出现了崔斯波特步枪。崔斯波特步枪也是栓动后膛装弹武器，它也是普法战争中法国军队的主要步兵武器。法国军队于 1867 年开始装备崔斯波特步枪，它逐渐取代了以前的使用米涅弹的前膛装弹步枪。

崔斯波特步枪的名字来自于其发明者——安东尼·阿方斯·崔斯波特，而其官方名称为菲西 M1866 型。崔斯波特是著名的枪械专家，在发明崔斯波特步枪之前，他还尝试研制过很多种后膛装弹步枪。与德莱赛步枪相同，11 毫米口径的崔斯波

▲ 看到普鲁士军队中的德莱赛步枪的出色表现后，法国军队认识到他们也需要一种这样的武器。最终他们在 1867 年开始装备崔斯波特步枪。

崔斯波特步枪

原产国	法国
时间	1866 年
口径	11 毫米
重量	4.6 千克
全长	1310 毫米
装弹	单发，后膛装弹
射程	1200 米

斯奈德-恩菲尔德步枪

原产国	英国
时间	1866 年
口径	14.7 毫米
重量	3.8 千克
全长	1250 毫米
装弹	单发，后膛装弹
射程	550 米

特步枪也使用纸壳子弹，并由撞针击发。在崔斯波特步枪内，第一发子弹的形状就像一个圆柱。在普法战争中，崔斯波特步枪与德莱赛步枪在战场上相遇，崔斯波特步枪的射速为 8~15 发 / 分钟，比德莱赛步枪更快且射程更远。

截至 1874 年，崔斯波特步枪的产量超过 100 万支，它的替代者是格拉斯步枪。格拉斯步枪的外观与崔斯波特步枪很相似，但格拉斯步枪使用的是金属壳子弹。崔斯波特步枪也有一些海外买家，其中就包括日本。

1866 年英国军队开始装备后膛装弹的斯奈德 - 恩菲尔德步枪，这种步枪从恩菲尔德 M1853 型前膛装弹步枪改装而来，利用了美国发明家雅各布·斯奈德发明的后膛改装系统。5 年后，斯奈德 - 恩菲尔德步枪又被马提尼 - 亨利步枪取代。14.7 毫米口径斯奈德 - 恩菲尔德步枪的射速可达 10 发 / 分钟，整个改装过程是在位于恩菲尔德的皇家轻武器兵工厂完成的。斯奈德 - 恩菲尔德步枪使用了新型后膛装弹系统和相关零部件，但闭锁、铁质枪管、击锤和枪托仍保持不变。

尽管在英国军队中的服役时间很短暂，但斯奈德 - 恩菲尔德步枪本身的寿命很长，从 1867 年一直持续到 1901 年，并且斯奈德 - 恩菲尔德步枪也比原来的恩菲尔德 M1853 型步枪的精准度更高。此外，英国皇家兵工厂还制造了很多斯奈德 - 恩菲尔德步枪的衍生型号，包括骑兵、工兵、炮兵和海军型号。斯奈德 -

恩菲尔德步枪使用一种金属弹壳子弹，这种子弹也叫作博克瑟弹，以纪念皇家兵工厂的爱德华·穆尼耶·博克瑟上校，它也是英国后膛步枪的第一种标准子弹。英国军队在埃塞俄比亚的行动中就使用这种步枪，并且后来印度军队也开始使用，直到20世纪初。

马提尼-亨利步枪的口径为11.4毫米，它是英国专门研制的一种后膛装弹步枪。它装有先进的装弹杆和一个带有撞针和击锤的闭锁块，这都极大提升了武器的整体性能。皇家轻武器兵工厂共生产了4种型号的马提尼-亨利步枪，一直到1889年生产才结束，而且在第一次世界大战结束时仍然有少量还在服役。

马提尼-亨利步枪的射速可达12发/分钟，其有效射程为370米，最大射程为1700米。在1879年的祖鲁战争中，位于罗克渡口的英国第24步兵团第2中队的139名士兵就装备了这种步枪。结果在战斗中，他们击退了数千祖鲁战士的反复进攻。尽管在战斗中劣质黄铜子弹经常会让步枪卡壳，但在罗克渡口的战斗很好地证明了马提尼-亨利步枪具有非常出色的作战能力。

当时土耳其政府希望从英国购买马提尼-亨利步枪，但由于所有的产品都被供给英国军队，因此交易并没有成功。而总部设在罗得岛的普罗维登斯公司则出售给了土耳其一模一样的复制品，土耳其使用这种武器参加了19世纪70年代末的俄土战争。此外，普罗维登斯公司还生产了一种霰弹枪型号，即格林纳警用枪。

美国步兵装备的第一种标准后膛步枪是斯普林菲尔德M1873型，它是美国军方从99种国内外武器中挑选出来的。斯普林菲尔德M1873型使用了类似活盖的膛门设计，它是使用该系统的第五种斯普林菲尔德步枪。在西部边境长期与美国土著的战斗中，它是美国军队使用的最主要的武器之一。

马提尼-亨利步枪

原产国	英国
时间	1871年
口径	11.4毫米
重量	3.83千克
全长	1245毫米
装弹	单发，后膛装弹
射程	370米

斯普林菲尔德 M1873 型步枪的口径为 11.4 毫米（0.45 英寸），其发射的子弹则被命名为 .45-70-405，.45 代表口径；70 代表黑火药推进剂为 70 克；405 代表单个子弹的重量为 405 克。斯普林菲尔德 M1873 型步枪的最高射速为 10 发 / 分钟，斯普林菲尔德兵工厂总共制造了约 70 万支。

在小大角战役中，乔治·阿姆斯壮·卡斯特将军带领的美国第 7 骑兵派遣队被美国土著的夏安和苏族勇士彻底消灭，而当时很多骑兵都装备着 M1873 型步枪的卡宾枪型号。随后，人们越来越关注子弹卡壳问题，因此人们用更好的黄铜子弹取代了原来的镀铜子弹。

连发步枪

在小大角战役中，乔治·阿姆斯壮·卡斯特将军和他的美国第 7 骑兵派遣队装备的是单发斯普林菲尔德 M1873 型步枪；据了解，美国土著的夏安和苏族勇士装备的则是亨利步枪，一种 11.1 毫米口径连发杠杆式步枪。尽管在美国内战时期，亨利步枪已经经历过战火的洗礼，但是在小大角战役中它算是一种非常新颖的武器。

亨利步枪由本杰明·泰勒·亨利在 1860 年设计，它可以说是 Volition 步枪的升级版，而 Volition 步枪则由瓦尔特·亨特为火山连发武器公司设计。火山连发武器公司存在的时间很短，只有短短的 11 年（1855—1866 年），但是它给武器界留下了丰富的遗产，史密斯 & 维森和温彻斯特公司都是在它的基础上成立的，而这两家公司后来都发展成了著名的武器制造商。亨利步枪比 Volition 步枪晚 5 年才出现，它通过 1 个 16 发管状弹仓供弹，射速可达 28 发/分钟。

亨利步枪从未成为美国军队的正式装备，但很多士兵都想自购一支。到美国内战结束时，亨利步枪的产量大约为 1.4 万支。亨利步枪是杠杆式的，使用者通过向下拉动退弹杆来排出空弹壳，并将下一发子弹装进弹膛（通过弹仓内的弹簧），同时翘起击锤。尽管亨利步枪很受欢迎，但还是存在一些批评的声音，有人认为它的初速比不上同时期的连发步枪。

亨利步枪

原产国	美国
时间	1860 年
口径	11.18 毫米
重量	4.5 千克
全长	1143 毫米
装弹	杠杆式
射程	91 米

▼ 在小大角战役中，美国第 7 骑兵派遣队使用的单发步枪，在性能方面不如美国土著的夏安和苏族勇士装备的连发步枪。

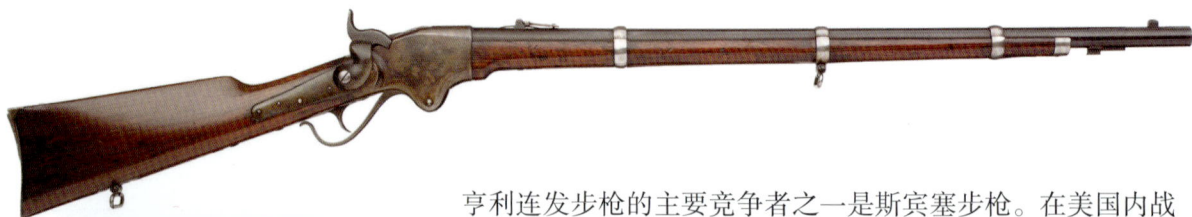

斯宾塞步枪

原产国	美国
时间	1860 年
口径	13.2 毫米
重量	4.54 千克
全长	1200 毫米
装弹	杠杆式，连发
射程	457 米

▼ 面对白人移民的扩张时，美国土著会拿起连发步枪来反抗。

亨利连发步枪的主要竞争者之一是斯宾塞步枪。在美国内战期间，北方军队确实采购了部分斯宾塞步枪，但它并没有取代标准的前膛装弹步枪成为标准的士兵武器。斯宾塞步枪由克里斯托弗·斯宾塞设计，它的口径为 13.2 毫米，使用 7 发管状弹夹，射速可达 20 发 / 分钟。1860—1869 年间，斯宾塞步枪的产量超过 20 万支，南方士兵对这种步枪印象深刻，他们感觉这种步枪似乎有打不完的子弹，如同星期天装上子弹，一周都能射击。与亨利步枪不同，斯宾塞步枪的击锤需要手动翘起。此外，亨利步枪还有一种卡宾枪型号，尤其受到北方骑兵的欢迎。

1887 年 4 月，法国军队开始装备 8 毫米口径勒贝尔 M1886 型栓动连发步枪。勒贝尔连发步枪使用 8 发弹夹，有效射程为

400 米，最大射程为 1800 米。1893 年，法国军队对其进行了改进，并将其官方名字从菲西 M1886 型修改为菲西 M1893 型。

勒贝尔 M1886 型步枪是那段时间产量最多的步枪之一，1887—1920 年法国政府位于沙泰勒罗、圣艾蒂安和图勒的兵工厂共制造了超过 290 万支。后来，人们发明了无烟火药，法国政府受此影响决定研制一种使用无烟火药的步枪，而欧洲其他国家也紧随其后研制使用无烟火药的小口径步枪。

勒贝尔 M1886 型步枪凭借出色的性能赢得了很高的声誉，它与贝尔蒂埃步枪一起都是第一次世界大战中法国最重视的武器。贝尔蒂埃步枪是勒贝尔 M1886 型步枪的替代者，它于 1907 年开始服役。其实，当时很多国家都研制出了性能比勒贝尔 M1886 型步枪更好的武器，并且到第一次世界大战前夕，法国正在测试新型的自动步枪，并准备装备给步兵。但是，随着第一次世界大战的爆发，这个设想便被搁置。法国军队仍然使用贝尔蒂埃步枪和老式的勒贝尔 M1886 型步枪。

比利时军队装备的是稍微进行修改的毛瑟 M1889 型步枪。毛瑟 M1889 型是毛瑟公司在 M1887 型的基础上研制的，旨在使用无烟火药。此外，毛瑟公司还生产了类似的 M1891 型步枪，主要用于出口。毛瑟 M1889 型步枪的口径为 7.65 毫米，使用一个 5 发弹夹，而它也是毛瑟家族中第一种使用这种弹夹的步枪。尽管包括德国在内主要欧洲强国都没有装备它，但是比利时还是成立了著名比利时国家兵工厂（后来的 FN 公司）来制造它。

勒贝尔 M1886 型步枪

原产国	法国
时间	1886 年
口径	8 毫米
重量	4.41 千克
全长	1300 毫米
装弹	栓动
射程	400 米

毛瑟 M1889 型步枪

原产国	比利时
时间	1889 年
口径	7.65 毫米
重量	4 千克
全长	1295 毫米
装弹	栓动
射程	550 米

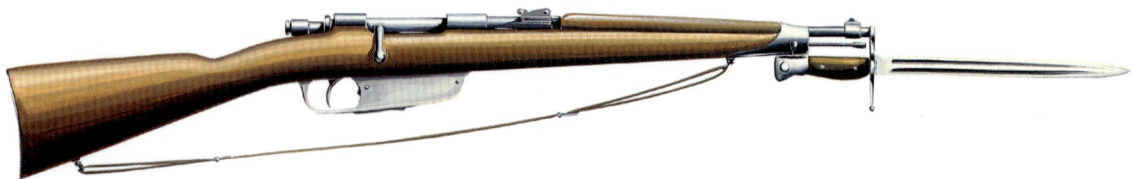

曼立夏-卡尔卡诺 M1891 型步枪

原产国	意大利
时间	1891 年
口径	6.5 毫米
重量	3.4 千克
全长	1015 毫米
装弹	栓动
射程	600 米

钢制枪管护套

　　毛瑟 M1889 型步枪的一个特别之处在于有一个钢制枪管护套，设计者希望这样可以减少磨损并延长武器的使用寿命。钢制枪管护套搭配一个结实的木制枪托似乎是一种非常耐用的武器。但是在实际使用中人们发现钢制枪管护套容易生锈，并且对武器寿命并没有多大影响。尽管存在这些缺点，但在第一次世界大战期间比利时军队仍然将它作为主要步兵武器，并且北欧有些国家还一直使用到 20 世纪 40 年代。最终，毛瑟 M1889型步枪的产量超过 27.5 万支。

　　曼立夏-卡尔卡诺 M1891 型步枪的口径为 6.5 毫米，它是19 世纪末塞尔瓦托·卡尔卡诺在意大利都灵兵工厂研制的一系列栓动武器中的第一种。1890—1945 年间，都灵兵工厂还生产过一种缩小版和卡宾枪版。曼立夏-卡尔卡诺 M1891 型步枪及其衍生型号的总产量超过 300 万支。

　　曼立夏-卡尔卡诺 M1891 型步枪内置弹仓容量为 6 发，有效射程为 600 米。在第一次世界大战期间，它被意大利军队和德国部分军队广泛使用，有些步枪的服役寿命还持续到第二次世界大战。在 1939—1940 年间冬季战争中的芬兰军队和第二次世界大战期间的地中海战场的意大利军队就装备了这种步枪。1931 年日本入侵中国东北后，其国内有坂步枪的生产能力无法满足需求，因此日本海军也订购了一批。曼立夏-卡尔卡诺M1891 型步枪很多衍生型号可以发射各种类型的子弹，包括卡尔卡诺 7.35 毫米、毛瑟 7.92 毫米、日本有坂 6.5 毫米以及曼立夏-卡尔卡诺 6.5 毫米口径子弹。

　　1888 年，英国军方决定用李-梅特福德步枪替换掉原来的亨利步枪。李-梅特福德步枪上使用了由詹姆斯·李和威廉姆·梅

特福德一起发明的一种新型膛线枪管，该枪管能让一个八或十发弹夹与后锁枪栓系统合并在一起。李-梅特福德步枪整整花了九年时间才最终发展成熟，并得到英国军事机构的认可。

　　李-梅特福德步枪的官方服役时间很短暂，随后在1895年就被李-恩菲尔德步枪取代，但整个更新换代过程很漫长，因此仍然有部分李-梅特福德步枪参加了第一次、第二次英布战争（1899—1902年英国人和布尔人的战争）和第一次世界大战。7.7毫米口径的李-梅特福德步枪的最高频可达20发/分钟，有效射程可达730米，还有一些李-梅特福德步枪被改装成试验性的半自动武器。

　　温彻斯特连发武器公司可以算是早期火山连发武器公司的继任者。火山连发武器公司是贺瑞斯·史密斯和丹尼尔·维森

李－梅特福德步枪	
原产国	英国
时间	1888 年
口径	7.7 毫米
重量	4.2 千克
全长	1257 毫米
装弹	栓动
射程	730 米

▼ 李－梅特福德步枪的特点是有一个后锁枪栓系统，英国军队在第一次英布战争期间开始装备这种步枪。它的李－梅特福德步枪的官方服役时间很短暂，很快就被李－恩菲尔德步枪所取代。

▲ 美国总统西奥多·罗斯福年轻时候的照片，他当时穿着鹿皮制外套，拿着他最喜欢的温彻斯特杠杆步枪。

（也就是后来的史密斯 & 维森）共同成立的。但后来火山连发武器公司破产并被奥利弗·温彻斯特收购，更名为温彻斯特公司。在温彻斯特公司，天才工程师本杰明·泰勒·亨利则继续完善经典的亨利步枪，但以后的步枪都更名为温彻斯特步枪。

赢得美国西部的步枪

第一种使用温彻斯特这个名字的连发步枪是 M1866 型，它在移民者赢得美国西部的一系列冲突中赢得了极高的声誉。在历史上温彻斯特 M1866 型也被称为"赢得美国西部的步枪"。温彻斯特 M1866 型步枪口径为 11.1 毫米，它修正了原先亨利步枪存在的一些问题，例如枪管过热和装弹麻烦等。由于黄铜机匣散发着黄色的金属光泽，因此它获得了"黄色男孩"的外号。温彻斯特 M1866 型是杠杆式的，由一个 15 发管状弹夹供弹。1866—1898 年间，温彻斯特 M1866 型的产量大约为 17 万支。

在很多人眼里，温彻斯特 M1873 型应该与 M1866 型分享"赢得美国西部的步枪"的美誉。最初温彻斯特 M1873 型的口径为 11.1 毫米，但后来人们又把它改成 9.6 毫米，目的是便于让士兵携带的步枪和手枪都能使用同一种弹药。温彻斯特 M1873 型更坚固，并且在活动部件上都有防尘罩。后来柯尔特公司很快开始生产 11.1 毫米口径的转轮手枪，这种手枪很受欢迎。温彻斯特 M1873 型也有卡宾枪型号出现，到 1919 年它的总产量为 72 万支。

19 世纪末，温彻斯特公司还以自己步枪为基础生产了几种改进型步枪，其中就包括 M1876 型，M1876 型步枪拥有一个强度和尺寸都更大的机匣，以适应更重的子弹。罗斯福总统非常

温彻斯特 M1866 型步枪	
原产国	美国
时间	1866 年
口径	11.1 毫米
重量	4.3 千克
全长	1252 毫米
装弹	杠杆式
射程	91 米

喜欢自己的百年纪念版 M1876（庆祝美国成立 100 周年）。

温彻斯特 M1886 型仍然使用较重的子弹，它的特点是使用了闭锁块而不是 M1876 型上的栓扣闭锁。M1892 型则又回到了以前，它使用当时手枪也能使用的短头子弹，它的生产一直持续到 19 世纪 30 年代。M1894 型则是公司第一种使用无烟火药的步枪，它的设计者是著名枪械专家约翰·勃朗宁，M1894 型的生产一直持续到 2006 年，在 100 多年里总产量达到 700 万支。M1894 型最初的口径是 8.13 毫米，但公司也推出了其他口径的型号。其他著名的温彻斯特步枪还包括 M1885 型、M1895 型、M1903 型、M1905 型以及现代的 M88 型和 M9422 型。

其他枪支制造商也生产了一些与美国西部扩张有关的连发步枪。其中，最著名的包括柯尔特闪电、马林 M93 型以及雷明顿基恩和 M1899 型。

温彻斯特 M1894 型步枪

原产国	美国
时间	1894 年
口径	8.13 毫米
重量	3.1 千克
全长	960 毫米
装弹	杠杆式
射程	91 米

塔普利卡宾枪

原产国	美国
时间	1863 年
口径	13.2 毫米
重量	3.4 千克
全长	1016 毫米
装弹	单发
射程	91 米

卡宾枪

19 世纪步枪的多样化也衍生出了一些专业化的武器，其中最常见的就是卡宾枪，与标准步枪相比，卡宾枪尺寸较小，枪管较短。因此，卡宾枪很轻便，很适合骑兵、炮兵和军官与参谋人员等非步兵单位使用。

由于南方邦联存在时间很短，因此这里出现的卡宾枪种类并不多，其中比较有名的一种就是塔普利卡宾枪。塔普利卡宾枪采用后膛装弹，口径为 13.2 毫米，在很多方面都类似于夏普斯卡宾枪。塔普利卡宾枪是由杰雷·H.塔普利设计的，生产地位于北卡罗来纳州，其生产时间很短（1863—1864 年），其间的产量大约为 400 支。

贝尔蒂埃 M1890 型和 M1892 型卡宾枪都是基于贝尔蒂埃步枪衍生出来的，主要是法国骑兵部队装备它们。此前的单发卡宾枪存在装弹困难的问题，尤其是在马背上使用时，贝尔蒂埃卡宾枪则对此进行了改进。贝尔蒂埃卡宾枪使用与步枪相同的 8 毫米口径子弹。

轻便、坚固的斯宾塞卡宾枪在美国内战期间很好地证明了自己的价值。尤其是在北方骑兵手中，它们能对敌人的大编队实施毁灭性的打击。斯宾塞卡宾枪与斯宾塞连发步枪使用相同的 13.2 毫米口径子弹，并且七发弹夹也安装在枪托处。在美国内战期间，斯宾塞卡宾枪的产量超过 9.5 万支。

随着在普法战争中击败法国，普鲁士开始缴获大量法国军队近十年来最出色的步枪——崔斯波特步枪。包括普鲁士在内的德国各州军队开始将这些缴获的步枪改装成能使用 11 毫米口径毛瑟子弹的卡宾枪。随后在 19 世纪 80 年代，他们将改装后的卡宾枪交付给德国炮兵和骑兵部队使用。

卡尔卡诺 M1891 型卡宾枪是从意大利军队中的卡尔卡诺步枪演变来的，它的枪管长度为 450 毫米，比标准步枪短了 102 毫米。M1891 型卡宾枪使用 6.5 毫米口径子弹，使用者可以在枪口上安装一把刺刀。

斯宾塞卡宾枪

原产国	美国
时间	1860 年
口径	13.2 毫米
重量	3.6 千克
全长	1067 毫米
装弹	杠杆式
射程	457 米

▲ 第一次世界大战期间，西线战场的士兵躲在壕沟中，等待命令穿过无人区冲向敌军阵地。

第二章
第一次世界大战期间的步枪

1914 年 6 月 28 日，波斯尼亚塞族民族主义者加夫里洛·普林西普在萨拉热窝用一把勃朗宁 FN M191 型半自动手枪朝着奥匈帝国弗朗茨·斐迪南大公和他的妻子霍恩贝格公爵夫人开了几枪，两人当场毙命。第一次世界大战正式爆发！

萨拉热窝事件成为第一次世界大战的导火索，奥匈帝国向塞尔维亚宣战，随后两个国家的同盟也相继参战，整个世界笼罩在了战争的阴云下。尽管点燃巴尔干半岛火药桶的是一把手枪，而且在战争中全世界都知道了机枪、大炮、飞机、潜艇和毒气的致命杀伤力，但是从 1914—1918 年间步兵的主要武器则是栓动弹夹步枪。

随着步枪及其子弹的性能显著提高，这种肩扛武器在训练有素的士兵手里成为更有效的致命武器。尽管第一次世界大战时期很多士兵都是突然被征召入伍的，并且大部分都没有办法自己选择武器，但是在面对敌人的进攻时，一支操作熟练的步枪部队可以给予敌人致命的打击。

勒贝尔
M1886 型步枪

原产国	法国
时间	1886 年
口径	8 毫米
重量	4.41 千克
全长	1300 毫米
装弹	栓动
射程	400 米

▲ 1914 年 6 月 28 日，奥匈帝国弗朗茨·斐迪南大公和他的妻子霍恩贝格公爵夫人正在萨拉热窝视察，随后被暗杀导致第一次世界大战爆发！

西线战场的栓动步枪

在第一次世界大战期间，法国一直努力向自己的军队提供充足的现代步枪。1914—1915 年间，法国的标准步枪是 8 毫米口径勒贝尔 M1886 型步枪，勒贝尔步枪于 1887 年春天开始服役，但没多久人们就发现它的弹夹功能不太理想。它的弹夹容量为八发，容量方面至少比同类型的其他步枪要大，但是装弹过程很费时间，使用者需要将子弹通过一根位于武器前端的小管推入武器后端。因此很明显，法国士兵在战斗中给自己的勒贝尔 M1886 型步枪重新装弹要面临巨大的风险。此外，它还有重心偏移的问题，随着子弹不断被发射出去，它的重心不断向后偏移，这样会影响持续的精准度。

勒贝尔 M1886 型是第一种使用无烟火药的步枪，但是由于存在很多问题，法国军方在 1915 年决定使用老式的勒贝尔贝尔蒂埃 M1902 型和 M1907 型步枪来替换。这两种步枪使用一种三发弹夹，因此避免了原来装弹麻烦的管状弹仓。但是，由于两种这两种步枪从未大规模生产，而且在第一次世界大战期间，

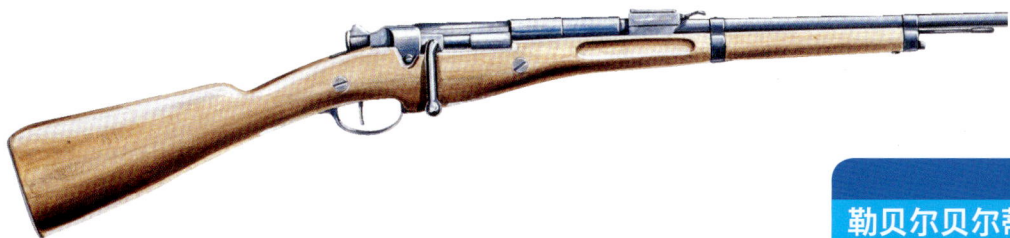

由于现代步枪数量不足，勒贝尔 M1886 型步枪仍然是法国步兵主要的作战武器。

法国外籍军团

第一次世界大战期间，法国共制造了超过 40 万支改进后的勒贝尔贝尔蒂埃 M1907/15 型步枪，它们的主要使用者是法国殖民部队和法国外籍军团。但是，由于标准的勒贝尔贝尔蒂埃 M1907/15 型步枪数量不足，而且三发弹夹的战斗力确实有限，因此法国在 1916 年研制出了另一种改进型步枪，即使用五发弹夹的贝尔蒂埃型步枪菲西 M1907/15-16 型。但是，直到 1918 年夏天，前线的法国步兵才开始装备这种改进步枪，而此时第一次世界大战已经临近结束，因此它并没有给西线战场带来过多的影响。此时，很多法国军官坚持保留勒贝尔步枪，也许仅仅是为了弹仓内的八发子弹。

贝尔蒂埃型步枪开始服役后，前线仍然有很多法国士兵继续使用勒贝尔步枪，有些人在步枪上安装了高倍瞄准器，使其变成狙击步枪。

对于勒贝尔 M1886 型步枪的替代者，法国的另一个尝试是研发了菲西 M1917 型步枪，事实上法国军队在 1916 年春天就开始使用这种步枪。它也叫作是 M1917 RSC 型，RSC 分别代表

勒贝尔贝尔蒂埃 M1907/15 型步枪	
原产国	法国
时间	1915 年
口径	8 毫米
重量	3.8 千克
全长	1306 毫米
装弹	栓动，三发弹夹
射程	2000 米

菲西 M1917 型步枪	
原产国	法国
时间	1916 年
口径	8 毫米
重量	5.28 千克
全长	1330 毫米
装弹	栓动，五发弹夹
射程	1200 米

▲ 伍德罗·威尔逊总统和约翰·J. 珀欣将军在视察法国军队。这些士兵装备的是装有刺刀的勒贝尔步枪。

三个合作研制它的枪械师——里贝罗利斯（Ribeyrolles）、萨特（Sutter）和绍沙（Chauchat）。到 1918 年 11 月（第一次世界大战结束时），法国政府在圣埃蒂安的兵工厂共制造了超过 8 万支菲西 M1917 型步枪。

菲西 M1917 型步枪装有一个内部弹匣，士兵可以利用一个五发弹夹来装弹。它的口径为 8 毫米，长后坐行程和导气式退弹功能在一定程度上能反映出半自动运转的基本方面。它是在战争后期出现的，并且装备这种步枪的法国军队没有给人留下很深刻的印象。菲西 M1917 型步枪的一个最显著缺点是整体尺寸很大，1330 毫米的长度并不适于稳定瞄准和近距离作战（在

**穆斯克东
M1892/16 型步枪**

原产国	法国
时间	1892 年
口径	8 毫米
重量	3.1 千克
全长	945 毫米
装弹	栓动，五发弹夹
射程	2000 米

战争后期的壕沟战中经常会遇到近距离作战的情况）。

1918 年，步枪的专用弹夹变成了贝尔蒂埃弹夹，目的是与其他法国步枪相匹配。法国共制造了约 4000 支 M1918 型号，并于 20 世纪 20 年代开始装备自己的军队。

两种贝尔蒂埃步枪——M1907 型和穆斯克东 M1892/16 型在第一次世界大战期间的表现非常出色。M1907 型替换了老式的格拉斯 M1874 型单发步枪，而有些士兵更喜欢改装后的勒贝尔 M1886 型，它装有一个整块的枪托，并且不再使用原来的管状弹夹，而是换成了更有效率的三发或五发弹夹。穆斯克东 M1892/16 型弹夹容量为五发，它被广泛部署给轻步兵、骑兵和特种部队，表现非常出色。

1888 年，德国为应对法国先进的勒贝尔 M1886 型研制了一种使用无烟火药的小口径步枪——格威尔 M1888 型。随着时间的推移，德国人发现他们需要一种更先进的步枪，因此毛瑟兄弟就研制了毛瑟格威尔 M1898 型步枪。这种步枪由德意志帝国兵工厂和众多私人承包商共同生产，它成为第一次世界大战期间德国装备的标准步枪。1898—1918 年间，毛瑟格威尔 M1898 型步枪的产量超过 500 万支，而且在第二次世界大战期间很多德国国民自卫队仍然在使用。1935 年，德国军队中的 M1898 型步枪逐渐被毛瑟 Kar98K 步枪所取代。

毛瑟格威尔 M1898 型步枪的口径为 7.92 毫米，其内置弹夹

**毛瑟格威尔
M1888 型步枪**

原产国	德国
时间	1888 年
口径	7.92 毫米
重量	4.09 千克
全长	1250 毫米
装弹	栓动，内置弹仓，五发弹夹
射程	550 米

毛瑟格威尔 M1898 型步枪

原产国	德国
时间	1898 年
口径	7.92 毫米
重量	4 千克
全长	1250 毫米
装弹	栓动，内置弹仓，五发弹夹
射程	550 米

▼ 一名德国狙击手正埋伏在阵地上，加装望远镜瞄准器后，毛瑟格威尔 M1898 型步枪可以变成一支高精准度的狙击步枪。

容量为五发，采用黄铜填弹条装弹。当时，英国的李-恩菲尔德步枪装弹时需要使用者用拇指往下压，而 M1898 型步枪装弹时使用者只需要将枪机从右侧拉开，从后面装填子弹，这样整个装弹过程既快速又安全。在战场上会有很多尘埃和碎片，经常会遇到长时间使用无法维护的情况，很多步枪会因此出现故障，但对于 M1898 型步枪，这都不是问题。

士兵在战场上使用栓动步枪需要有很大的手力，而且士兵在操作完枪栓后还需要通过瞄准器寻找目标。第一次世界大战初期西线战场主要是运动战，很适合使用毛瑟格威尔 M1898 步枪，但是随着西线战场进入壕沟战的僵持阶段，毛瑟格威尔 M1898 步枪就遇到了困难。毛瑟格威尔 M1898 步枪的重量为 4 千克，全长为 1250 毫米，使用中略显笨重。尽管在经验丰富

的德国士兵手中，它能实现 12 发 / 分钟的射速，但整体性能仍然赶不上英国的李 - 恩菲尔德步枪。

在第一次世界大战中，狙击手开始作为一个独立的兵种出现。1915 年，德国下令将超过 1.5 万支毛瑟格威尔 M1898 步枪安装望远镜瞄准器，使其变成高精度狙击步枪。到 1918 年战争结束时，被改装成狙击步枪的毛瑟格威尔 M1898 步枪的数量超过 1.8 万支。在第一次世界大战爆发前，德国还研制出了一种毛瑟格威尔 M1898 步枪的缩小版——M1898A 型，将其作为骑兵武器。但是在实际使用时效果并不好，因此很快就停产了。

德国参战

1914 年 8 月，就在德国宣布参战支持奥匈帝国的几天后，德国第六步兵团便在比利时村庄布雷德展开行动，当时有一名年轻的中尉也在其中，它就是第二次世界大战时期著名的指挥官埃尔温·隆美尔。后来在第二次世界大战中，隆美尔成为德国非洲军团的总指挥，并凭借出色的战绩赢得了"沙漠之狐"称号。而在那一天他只是一名普通军官，拿着一把毛瑟格威尔 98 步枪参加战斗。

隆美尔回忆第一次世界大战时期的一场战斗时说："我很快告诉部下我们准备开火。我们悄悄地打开了保险；从大楼后面跳了出来，并且站立着向附近的敌人开火。有些敌人被当场击毙或击伤，但大部分都立即躲进了附近的围墙和大树后面，并向我们还击。因此，在非常近的距离内，战况非常激烈。我站在一堆木头旁边瞄准，我的对手在 20 米开外，躲在房子的台阶后面，只有一部分头露在外面。我们几乎在同一时间瞄准和发射，但都没有命中，他的子弹从我耳边飞过。我必须快速重新装弹，仔细且迅速瞄准，当时瞄准器设置为 400 米，因此瞄准 20 米外的目标并不容易，而且我们在平时训练中都没有这样训练过。我扣下了扳机，敌人立即倒在了地上。"

第一次世界大战期间，比利时军队装备的是德国毛瑟步枪的改进型号——FN 毛瑟 M1889 型。这种武器是比利时 FN 公司

FN 毛瑟 M1889 型步枪

原产国	比利时
时间	1889 年
口径	7.65 毫米
重量	4 千克
全长	1250 毫米
装弹	栓动，五发垂直内置弹仓
射程	550 米

在毛瑟公司的授权下生产的，而 FN 公司成立于 1889 年，是比利时专门为生产毛瑟步枪而成立的一家兵工厂。M1889 型的发展始于 19 世纪 80 年代早期，本质上它与毛瑟公司第一支步枪 M1871 型很相似。

FN 毛瑟 M1889 型步枪最显著的特点是五发垂直内置弹仓、枪管包围和重型木制枪托。它的口径为 7.65 毫米，其盒状弹夹比以前的管状弹夹更先进。当枪栓打开时，使用者就可以使用装弹器装弹。

最初的毛瑟 M1889 型步枪在实战测试中没能竞争过奥地利曼立夏公司的一种步枪，因此没能获得大规模的政府订单。但是比利时军方对测试中的毛瑟步枪印象深刻，于是决定大量采购。

随后，比利时成立了 FN 公司在比利时生产毛瑟 M1889 型步枪。当比利时公司的生产速度赶不上军方要求时，比利时军方又与一家英国公司签订合同生产 M1889 型步枪。直到停产时，英国和比利时公司毛瑟 M1889 型步枪的总产量超过 25 万支。

在第一次世界大战期间，土耳其军队主要装备的是毛瑟格威尔 98 步枪和改进后的毛瑟 M1889 型步枪。土耳其军方曾与毛瑟公司签订一份合同，计划购买早期的 M1887 型，但合同中有一项条款写道："在交付期间，如果其他国家购买了升级后的 M1887 型，那么毛瑟在后续需要交付给土耳其更先进的型号。"因此当比利时购买了更先进的 M1889 型，便触发了该项条款，

李－恩菲尔德步枪

原产国	英国
时间	1895 年
口径	7.7 毫米
重量	4 千克
全长	1330 毫米
装弹	栓动，十发可拆卸弹匣
射程	500 米

土耳其开始陆续收到 M1889 型步枪。

1895 年秋，李-恩菲尔德步枪问世，后来它和其各自衍生型号一直是英国和英联邦军队的标准步枪，直到 1957 年。李-恩菲尔德步枪的长寿命归功于其精良的设计，它被人看成是历史上结构配置最好的步枪之一。

李-恩菲尔德步枪集合了早期李-梅特福德步枪的优良特性，尤其是由设计师詹姆斯·李和威廉姆斯·梅特福德共同设计的独特枪栓。它由位于北伦敦恩菲尔德区的皇家轻武器兵工厂生产。

无烟火药

李-恩菲尔德步枪使用了最新的无烟火药，无烟火药除了可以消除早期推进剂燃烧产生的大量烟雾，让士兵在开枪口更好地隐藏自己，而且它还能减少枪管内堆积的污垢，降低维护频率。

最初的李-恩菲尔德步枪在英国军队中从 1895 年一直服役到 1907 年，它的显著特点是使用了新型膛线和经过改进的瞄准器。英国军队在很多战斗中都用过这种武器，其中就包括在南非的第二次布尔战争。

李－恩菲尔德 MK I 型步枪

原产国	英国
时间	1904 年
口径	7.7 毫米
重量	4.19 千克
全长	1130 毫米
装弹	栓动，十发可拆卸弹匣
射程	500 米

李-恩菲尔德 MK Ⅱ 型步枪	
原产国	英国
时间	1906 年
口径	7.7 毫米
重量	4.19 千克
全长	1130 毫米
装弹	栓动，十发可拆卸弹匣
射程	500 米

　　1904 年 1 月，英国推出了短弹夹李-恩菲尔德 MK I 型步枪，它成为随后五十年里标准的英国步枪设计。李-恩菲尔德 MK I 型步枪的特点是只有一小部分枪管延伸过枪托，而且刺刀的机套比最初靠后 127 毫米。李-恩菲尔德 MK Ⅱ 型步枪的服役时间是 1906—1927 年，它与 MK I 型基本相同，主要不同之处在于安装了强化瞄准器和枪管，并能使用装弹条装弹。其实，设计者使 MK I 型和 MK Ⅱ 型的枪管比最初的型号短，因此引起了一些争议，有些人认为短枪管会影响精准度，并增加后坐力。

　　李-恩菲尔德 MK Ⅲ 型步枪是 1907 年问世的，凭借出色的性能，它被誉为"20 世纪最杰出的步枪之一"。MK Ⅲ 型步枪的口径为 7.7 毫米，其 10 发弹仓可以由五发弹夹从顶部装弹。MK Ⅲ 型步枪的枪栓动作很流畅，使用者在发射时也能集中精力瞄准目标，因此精准度很高。相比之下，德国士兵的毛瑟格威尔 98 步枪的枪栓动作就很复杂，士兵需要在射击一发子弹后重新调整。

李-恩菲尔德 MK Ⅲ 型步枪	
原产国	英国
时间	1907 年
口径	7.7 毫米
重量	3.96 千克
全长	1132 毫米
装弹	栓动，十发可拆卸弹匣
射程	500 米

▲ 英国士兵扛着李–恩菲尔德步枪朝着目标前进。李–恩菲尔德 MK III 型步枪性能非常出色，它被誉为"20 世纪最杰出的步枪之一"。

持续的火力

第一次世界大战期间，英国军队的战略是大规模步兵集中火力攻击目标，因此李-恩菲尔德 MK III 型步枪被认为是英国战场策略不可分割的一部分。后来的战斗表明这种步枪很适合这种战场策略。一名训练有素的英国士兵能实现 15 发 / 分钟的持续高速射击。

在最激烈的战斗中，英国士兵常常称其为"疯狂的一分钟"，在这段时间里士兵可以在一分钟内实现 30 次装弹、瞄准和射击。事实上，西线战场的德国部队在给德国最高司令部的报告中就写道："在战斗中，我们的士兵就面对数千支英国机枪的扫射。"但事实上，德国士兵的对手只是那些装备 MK III 型步枪的英国士兵。

李-恩菲尔德 MK III 型步枪的有效射程为 100 米，而且它经受住了西线战场残酷的严寒和泥泞环境。MK III 型步枪的性能非常出色，以至于英国总共生产了超过 300 万支 MK III 型步枪，并且有些仍然在世界各地的军队中服役。

随着时间的推移，人们对李-恩菲尔德 MK III 型步枪进行过好多次改进，其中一种狙击步枪型号还在 20 世纪 90 年代装备到英联邦部队。第二次世界大战期间，英国军队装备的是李-恩菲尔德 No.4 MK I 型步枪，到了 1943 年则又换成缩短版的 No.5

李-恩菲尔德 MK III 型步枪（带有榴弹发射器）

原产国	英国
时间	1916 年
口径	7.7 毫米
重量	3.93 千克
全长	1133 毫米
装弹	–
射程	100 米

恩菲尔德 M1914 型步枪

原产国	英国 / 美国
时间	1914 年
口径	7.7 毫米
重量	4.35 千克
全长	1175 毫米
装弹	栓动，五发弹夹
射程	500 米

恩菲尔德 M1917 型步枪

原产国	英国／美国
时间	1917 年
口径	7.62 毫米
重量	4.17 千克
全长	1175 毫米
装弹	栓动，六发弹仓
射程	500 米

罗斯步枪

原产国	加拿大
时间	1903 年
口径	7.7 毫米
重量	4.48 千克
全长	1285 毫米
装弹	栓动，五发盒状弹仓
射程	500 米

MK Ⅰ型步枪。No.5 MK Ⅰ型步枪也被用作丛林卡宾枪，但其表现令人失望。

最终，各种型号的李-恩菲尔德步枪的总产量达到 1700 万支。

第二次世界大战期间，英国曾研制了一种使用新型大威力子弹的步枪，即 7.7 毫米口径的恩菲尔德 M1914 型步枪。它由美国公司负责制造，但只有很少数量被供应到前线。恩菲尔德 M1914 型步枪的设计借鉴了德国的毛瑟格威尔 98 步枪，因此它并不属于李-恩菲尔德步枪系列，并且不应该与那些武器混淆。

恩菲尔德 M1917 型步枪也被称为美版恩菲尔德步枪，它衍生自 M1914 型步枪，生产地位于美国，生产时间是 1917—1918 年。恩菲尔德 M1917 型步枪的总产量超过 210 万支，今天仍然作为很多国家的礼仪步枪存在。雷明顿和温彻斯特公司生产的 M1914 型和 M1917 型步枪后来也演变成使用美国的 7.62 毫米 × 63 毫米子弹。

政治分歧

20 世纪初，英国政府拒绝授权加拿大生产李-恩菲尔德步枪，为此两国政府产生了轻微的政治分歧。加拿大工程师查尔斯·罗斯研制了一种名为罗斯的直拉式步枪，并向加拿大政府推销用他的设计代替英国的李-恩菲尔德步枪。罗斯步枪在测试中表现出色，随后在 1903 年赢得了加拿大政府 1.2 万支步枪的合同。

罗斯步枪的口径为 7.7 毫米，使用五发盒状弹仓。它的直拉

式枪栓与同时代的毛瑟和李-恩菲尔德步枪的枪栓完全不同。在罗斯步枪中，闭锁凸榫安装在一个拧紧机匣上的螺钉上。由于使用者不需要旋转把手1/4来释放枪栓，因此理论上罗斯步枪的射速可达20发/分钟。

加拿大军方将第一批交付的1000支罗斯步枪装备给了皇家西北骑警，但他们饱受机械问题的困扰。罗斯步枪经常卡壳，容易受到战场环境的污堵。结果人们共发现超过100个缺陷，但他们认为在装备到参加第一次世界大战的部队之前，大部分

▼ 加拿大士兵正在清洗维护自己的罗斯步枪，由于经常出现机械故障，因此罗斯步枪在战场上的表现并不好。

缺陷都被弥补，但它在战场上的表现令人失望。除了经常出现的机械故障外，罗斯步枪的长枪管也并不适合在壕沟战中使用。

到1916年夏天，加拿大军方中产生了分歧，是否让在欧洲部署的三个加拿大步兵师继续使用罗斯步枪。最终，加拿大军方决定用李-恩菲尔德步枪来替换。尽管存在很多缺点，但罗斯步枪的精准度很高，加拿大狙击手一直使用到第一次世界大战结束。加拿大军方将大约500支罗斯步枪改装成装有望远镜瞄准器的狙击枪型号，并将它们命名为MK III型。

罗斯步枪的总产量大约为42万支，其中超过30万支由英国购买。罗斯在美国康涅狄格州的哈特福德还建立了一家制造厂，这家位于美国的制造厂还生产了一种运动步枪。

20世纪初，很多国家的军事机构都在寻找一种既耐久又精准的步枪，其中就包括美国。1892年，美国为此在纽约总督岛举办了一场比赛。很多国家的制造商和设计师都来参加比赛，包括著名的毛瑟、李、曼立夏和其他美国顶级制造商，参赛型号总共有53种。

克拉格-约尔根森

没有一家美国公司能够入围三甲，最终挪威工程师克拉格击败两位竞争对手——李和毛瑟，赢得了美国的合同。克拉格-约尔根森步枪可以追溯到19世纪60年代，由挪威陆军上尉奥利·克拉格和工程师埃里克·约尔根森共同研制。早在美国的比赛前，丹麦军队就已经装备了这种步枪，而在赢得比赛后，挪威军方也在1894年开始装备。1894年，美国军队开始装备一种改进版的克拉格-约尔根森步枪，这种步枪一直为美国军队服役了九年。

克拉格-约尔根森步枪	
原产国	挪威
时间	1886年
口径	7.62毫米
重量	3.375千克
全长	986毫米
装弹	栓动，五发弹夹
射程	900米

▲ 克拉格 – 约尔根森步枪的分解图，1894 年美国装备的是一种改进版本。

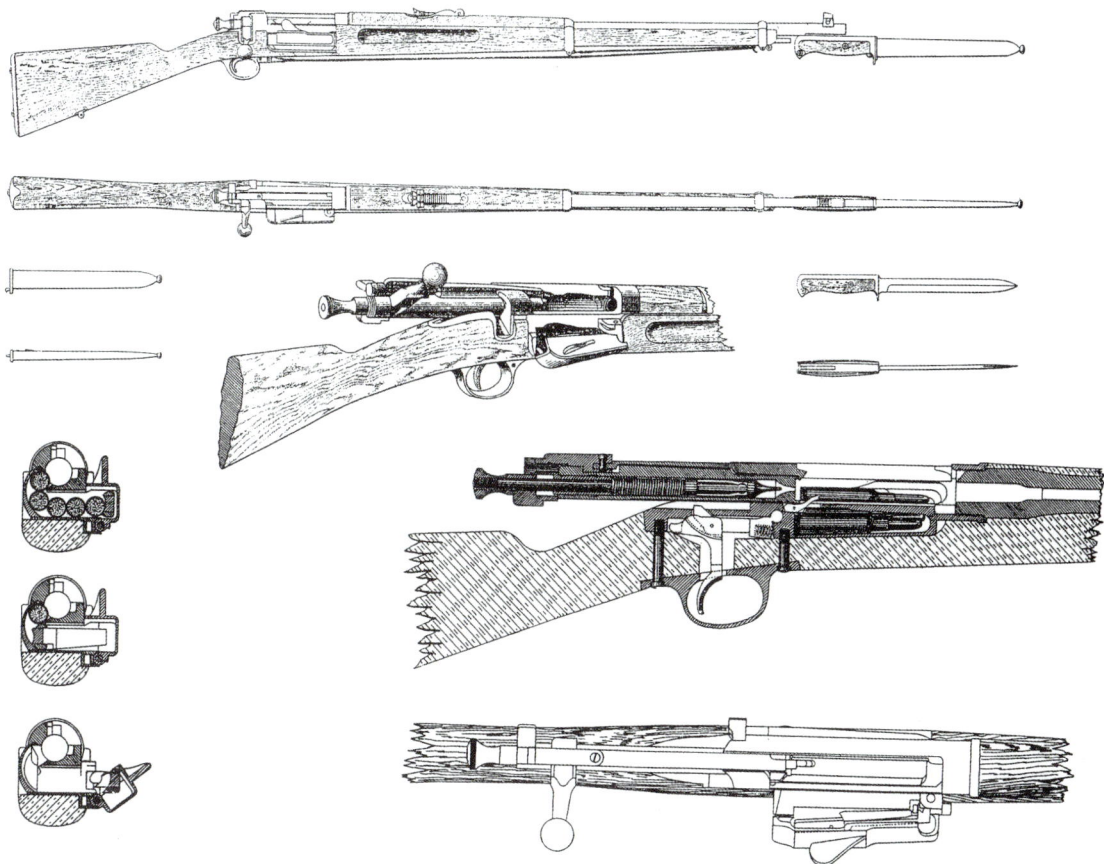

与同时期的栓动步枪不同，克拉格-约尔根森步枪通过一个机匣侧部的开口单发装弹，而其他步枪都是通过弹夹来装弹。当时人们认为不打开枪栓可以让装弹更迅速，而且单发装弹还可以节省弹药。丹麦的克拉格-约尔根森步枪与美国版本略有不同，使用者通过向前打开铰接的弹夹门来装弹。

挪威军队装备的型号口径为 6.5 毫米；丹麦军方装备的则是 7.87 毫米；而美国版本则使用 7.62 毫米 × 63 毫米子弹，它也是美国军队历史上第一种无烟火药子弹。克拉格-约尔根森步枪的射程为 900 米，其弹夹容量最初为 10 发，后来又被改成了 5 发。它还有另一条供弹路径，让使用者在弹夹满载时，单发装载，单发射击。当情况发生变化时，使用者就可以通过翻转一个开关转而使用弹夹内的子弹。

在美国军队手中，克拉格-约尔根森步枪参加了美西战争和菲律宾起义等。在美西战争中，克拉格-约尔根森步枪的装弹速度比西班牙军队手中德国制造的毛瑟步枪要慢得多，这在战斗中处于劣势。

最初的克拉格-约尔根森步枪有多种衍生型号，其中包括卡宾枪和狙击步枪型号。它在各国军队中的服役生涯接近 60 年，一直到第二次世界大战结束。最终，克拉格-约尔根森步枪的总产量达到 70 万支。直到今天，克拉格-约尔根森步枪的平滑枪栓仍然很受射击运动者的喜欢，而且它也是收藏者的最爱。

当美国军队发现克拉格-约尔根森步枪的作战性能一般时，他们已经熟悉了毛瑟格威尔 98 步枪的优点。事实上，美国军队已经购买了一些克拉格-约尔根森步枪，而且在古巴对抗西班牙军队的美国士兵就装备着克拉格-约尔根森步枪。到 1917 年，派往法国的美国远征军装备的主要是斯普林菲尔德 M1903 型步枪。斯普林菲尔德 M1903 型步枪是由位于马萨诸塞州的斯普林菲尔德兵工厂制造的，它在很多方面都借鉴了德国的毛瑟步枪。

除了一些涉及专利的小改进外，斯普林菲尔德 M1903 型步枪与毛瑟步枪基本相同。事实上，毛瑟公司曾经起诉美国政府侵权，并要求赔偿 300 万美元的损失费。

斯普林菲尔德 M1903 型步枪

斯普林菲尔德 M1903 型步枪于 1905 年开始在美国军队中服役，直到 1937 年才被加兰德 M1 型步枪所取代。它的尺寸比同时期的其他步枪小，但它精准度高且耐用，在服役的 30 多年里深受美国士兵的喜欢。斯普林菲尔德 M1903 型还有一种狙击枪版本——M1903A4 型，这种狙击步枪也是美国军方在 1942 年完善和标准化狙击步枪计划中的首次尝试。直到今天，仍然有部队使用这种狙击步枪。

斯普林菲尔德 M1903 型步枪的口径为 7.62 毫米，训练有素的士兵利用五发弹条向内置弹夹内装弹，能实现 15 发/分钟的高射速。最初它发射威力低的平头弹，但是随着子弹研发的进

步，出现了威力更强的重型子弹，正是重型子弹让人们熟知了这种步枪的出色性能。

在第一次世界大战爆发前，在所有制造斯普林菲尔德M1903型的兵工厂中，位于马萨诸塞州的斯普林菲尔德和伊利诺伊州的罗克艾兰兵工厂的产量最高，达到了80万支。而到了1965年停产时，斯普林菲尔德M1903型的总产量达到了数百万支。斯普林菲尔德M1903型有很多优点：精准度高、在艰苦条件下经久耐用、携带方便，以及适合改装成卡宾枪和狙击步枪，这也让它在很长一段时间里很受欢迎。另外，这种步枪也深受枪械收藏家、设计爱好者和狩猎者的喜欢，并经常出现在军事演习的武器配置中。

第一次世界大战期间，意大利军队主要装备的是曼立夏卡尔卡诺M1891型栓动步枪，这种步枪由奥地利的曼立夏公司设计，它具有很多德国毛瑟步枪的设计特点，尤其是弹匣和供弹系统。M1891型最初由意大利工程师塞尔瓦托·卡尔卡诺设计，口径为6.5毫米，利用整体弹条向六发内置弹匣内供弹。M1891型凭借旋转式枪栓动作和简单的装弹程序，能够产生相当高的射速。到1938年，意大利军队装备的型号口径则变成7.35毫米。

就在意大利军方决定装备M1891型的同一年，都灵兵工厂便开始大规模生产，除了标准型号外，那里还生产一种卡宾枪

斯普林菲尔德 M1903 型步枪

原产国	美国
时间	1903年
口径	7.62毫米
重量	3.9千克
全长	1115毫米
装弹	栓动，五发弹匣
射程	750米

曼立夏卡尔卡诺 M1891 型步枪

原产国	意大利
时间	1891年
口径	6.5毫米
重量	3.8千克
全长	1291毫米
装弹	栓动，六发弹匣
射程	1000米

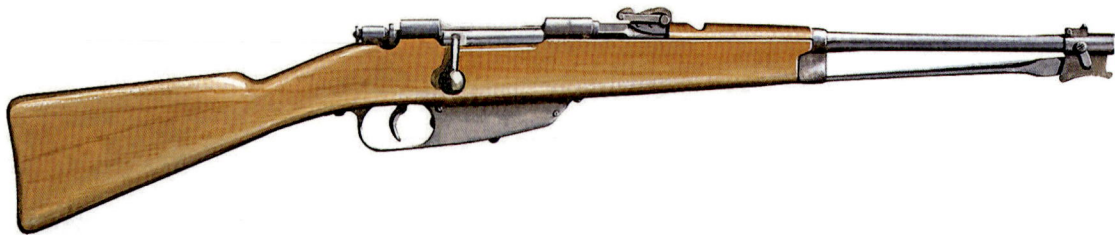

型号，而装备卡宾枪型号的主要是骑兵和山地等特殊部队。此外，M1891型还有一种衍生型号，即莫谢托M1891型，它的折叠刺刀永久固定在枪口上。制造M1891型的厂家有很多，其中就包括布雷西亚兵工厂。

20世纪30年代，意大利为日本海军制造了大约6万支M1891型，日本海军将它们命名为1式步枪。土耳其部队也装备了M1891型，一直到1945年。20世纪六七十年代，意大利将2000多支多余的M1891型出售到海外，而1963年李·哈维·奥斯瓦尔德刺杀美国总统约翰·肯尼迪时使用的就是其中一支。

东线战场的栓动步枪

当奥匈帝国向塞尔维亚宣战时，塞尔维亚军队装备的主要是两种型号的柏丹步枪，这两种柏丹步枪由美国内战英雄和发明家海勒姆·柏丹研制。从19世纪60年代末到1891年，俄国开始生产这两种型号的步枪：柏丹I型为开盖式；柏丹II型为栓动后膛单发式。俄国军队也广泛装备柏丹步枪，即使在20世纪初俄国官方决定装备莫辛-纳甘步枪时，仍然有很大的数量在服役。

▲ 第一次世界大战早期，意大利士兵成功穿越白雪覆盖的阿尔卑斯山前往防御阵地。

▲ 海勒姆·柏丹上校因在美国内战期间组建的神枪手团而被人们熟知，他发明的柏丹步枪在俄国很受欢迎。

莫辛－纳甘步枪 M1891 型步枪	
原产国	俄国
时间	1891 年
口径	7.62 毫米
重量	4.37 千克
全长	1305 毫米
装弹	栓动，五发内置弹匣
射程	500 米

芬兰和保加利亚军队也使用柏丹步枪，到 1914 年俄国制造商总共向塞尔维亚出口了超过 7.5 万支柏丹步枪。早期柏丹步枪的口径为 10.75 毫米，在训练有素的士兵手中，柏丹步枪的射速可达 6~8 发/分钟。

莫辛-纳甘步枪

尽管俄国生产了很多高质量步枪，但第一次世界大战期间俄国军队并没有大量装备。其中，最著名的一种是俄国工程师谢尔盖·莫辛和比利时工程师莱昂·纳甘合作研制的莫辛-纳甘 M1891 型栓动步枪。莫辛-纳甘 M1891 型步枪最初在比利时生产，后来莫辛和纳甘独立设计进行了一次比赛，结果莫辛获胜，莫辛-纳甘 M1891 型步枪的生产地也随之搬到俄国。

尽管莫辛-纳甘步枪包含了两个人的设计元素，但俄国从未正式承认这个西方国家取的名字。尽管纳甘曾经说过断续器（防止重复供弹并卡壳）的创新来自于莫辛，但是他最终还是为它的专利权提起了一场诉讼。由于莫辛赢得了最初的诉讼，他还获得了 20 万卢布的报酬。但是由于莫辛是一名俄国军官，因此他无法就断续器申请专利。

权衡了继续与纳甘合作的好处，俄国军方决定也奖励纳甘 20 万卢布。俄国做出这个决定的原因主要有两点：第一，当时纳甘没有为其他政府工作；第二，俄国了解到纳甘是为数不多的愿意与俄国人分享武器知识和经验的几个人之一。

莫辛-纳甘步枪的口径为 7.62 毫米，弹仓容量为五发。后来的战斗证明这种步枪很适合在东线战场恶劣的天气环境中使用。工程师对它的改进一直持续到 20 世纪 30 年代，并给它安

斯太尔-曼立夏 M1895 型步枪

原产国	奥匈帝国
时间	1895 年
口径	8 毫米
重量	3.8 千克
全长	1272 毫米
装弹	栓动，五发内置弹仓
射程	500 米

装了新型供弹装置，这让在战斗中由于过热引起故障的概率大大降低。

随着大规模生产的开始，莫辛-纳甘步枪被广泛装备到俄国军队中。到 1904 年日俄战争爆发时，俄国军队装备的数量已经接近 400 万支。而在第一次世界大战期间，俄国政府还向美国的雷明顿和西屋公司订购了 320 万支，但是俄国十月革命爆发后，交付就被终止。

莫辛-纳甘步枪还有两种尺寸较短的骑兵型号，俄国军队在 20 世纪 30 年代开始装备这两种步枪。第二次世界大战期间，苏联装备的是莫辛-纳甘步枪后来的改进型号，并且很多都在军队中一直服役了几十年。在 1965 年莫辛-纳甘步枪停产时，其总产量达到 3700 万支。

第一次世界大战期间，奥匈帝国装备的主要是奥地利工程师费迪南德·曼立夏研制的斯太尔-曼立夏 M1895 型步枪。这种步枪采用直拉式枪栓设计，使用者不需要在重新装弹时转动枪栓，因此它的射速比同时代的步枪要高很多，在战场上给人们留下了深刻的印象。

1903 年，保加利亚政府决定购买斯太尔-曼立夏步枪，在第一次世界大战期间该国大部分步兵仍然在使用这种步枪。迫于战争的压力，加拿大还以斯太尔-曼立夏步枪为基础研制了一款直拉式步枪——罗斯 M195 型，但它的表现并不令人满意。

斯太尔-曼立夏步枪的枪栓操作起来需要更大的力气，但在熟练士兵手中它能实现 35 发 / 分钟的高射速。人们给它起了个绰号名为"Ruck-Zuck"，德语的意思是"非常快"。尽管直拉式高射速武器在战场上很有优势，并且提高了综合耐久性，但它也需要必要的维护，例如定期清理。直拉式枪栓没有退弹辅助能力，再考虑到如此高的射速，残渣会迅速积累，因此必须定期清理。

斯太尔-曼立夏步枪的口径为 8 毫米，使用者需要利用五发弹条向内置弹仓内装弹。1895—1918 年间，它的产量达到 300 万支，一直服役到第二次世界大战结束。

日本的步枪

1905 年日俄战争期间，日本军队主要装备的是有坂 30 式步枪，"30 式"这个名字代表其服役时间日本明治 30 年（1897 年）。有坂 30 式步枪取代了前代 22 式步枪（也被称作村田步枪），并且在性能方面明显增强。到 1905 年，日本官方宣布用 38 式替换 30 式，但直到第二次世界大战结束仍然有很多日本士兵继续使用 30 式步枪。

有坂 30 式步枪的口径为 6.5 毫米，内置弹仓容量为五发，在训练有素的士兵手中射速可达 10~15 发/分钟。齐彬有坂上校负责监督 30 式及其衍生型号在东京小石川兵工厂的制造，在相对较短的时间里，小石川兵工厂共生产了超过 55 万支 30 式，4.5 万支较短的卡宾枪型号（枪口没有安装刺刀的部件），以及少量装有改进瞄准器的 35 式海军型号。

日俄战争中，日本发现自己的有坂 38 式步枪有很多缺点，其中主要有两点：第一是子弹容易卡壳，而且很难清理；第二是内部的闭锁位置不合适，容易堆积残渣，有时会在士兵射击时烧伤脸部。

日俄战争结束后，有坂已经升为上将军衔，他与另一位日

有坂 30 式步枪	
原产国	日本
时间	1897 年
口径	6.5 毫米
重量	3.95 千克
全长	1280 毫米
装弹	栓动，五发内置弹仓
射程	305.70 米

有坂 38TH 式步枪

原产国	日本
时间	1905 年
口径	6.5 毫米
重量	3.95 千克
全长	1270 毫米
装弹	栓动，五发内置弹仓
射程	500 米

本军官兼枪械工程师南部骐次郎一起研制了 38 式步枪。38 式步枪于 1906 年开始服役，并一直服役到第二次世界大战结束。38 式步枪的口径只有 6.5 毫米，因此后坐力较小，但以西方的标准来看威力显得不够大。它的长度为 1270 毫米，这会影响当时平均身高仅为 1.6 米的日本士兵的灵活性。尽管如此，有传言说它仍能达到最高 30 发/分钟的高射速。

中国的步枪

20 世纪初，日本和中国的步枪都深受德国毛瑟步枪设计的影响。1937 年日本全面侵华，当时中国装备的主要是汉阳 88 式步枪。汉阳 88 式步枪本质上就是德国格威尔 88 式步枪的中国复制版，其生产地是位于武汉的汉阳兵工厂。汉阳 88 式步枪的口径为 7.92 毫米，其内置弹仓由五发弹条供弹。

汉阳 88 式步枪

原产国	中国
时间	1895 年
口径	7.92 毫米
重量	4.08 千克
全长	1110 毫米
装弹	栓动，五发内置弹仓
射程	500 米

汉阳 88 式步枪的口径比日本的有坂步枪要大，因此在近距离步兵交火中，中国士兵有时会略占火力优势。汉阳 88 式步枪的生产成本很低，能够满足军队的大批量需求。到 20 世纪 30 年代，汉阳 88 式步枪已经在中国军队中服役了 40 多年。到 1947 年停产时，汉阳 88 式步枪的总产量超过 110 万支。

▲ 这张图画描绘的是日俄战争场景，当时日本士兵正在攻占俄国阵地。日本战胜欧洲传统强国震惊了世界。

冲锋枪

第一次世界大战期间的几年里，武器技术也在迅速发展，而且随着战斗的持续，很多国家开始寻找自动步枪。伯格曼 MP18 冲锋枪被认为是世界上第一种可用的冲锋枪，到 1918 年德国已经将很少的数量部署到西线战场。

德国工程师于 1916 年开始研制伯格曼 MP18 冲锋枪（以制造地的名字命名）。两年后，伯格曼兵工厂开始量产。几个月内，德国士兵就装备了这种冲锋枪，而且它的强大火力在提供火力压制支援和清理敌人壕沟时显得非常有效。

伯格曼 MP18 冲锋枪

原产国	德国
时间	1918 年
口径	9 毫米
重量	4.2 千克
全长	815 毫米
装弹	自由枪机式，32 发可拆卸弹匣
射程	70 米

▶ 德国士兵在壕沟中准备一次进攻。冲锋枪在临近第一次世界大战结束时才开始出现在战场上，并且它们的数量也不多。

伯格曼 MP18 冲锋枪全面量产在 1918 年初正式开始，但第一次世界大战结束时其精确产量无人统计，历史学家则认为产量为 5000~1 万支。1918 年春天，德国在西线战场发起米迦勒攻势，以最后一次尝试冲破盟军的防线，在新组建的冲锋队手中，伯格曼 MP18 冲锋枪的强大火力给盟军留下了深刻印象。

伯格曼 MP28 冲锋枪

原产国	德国
时间	1928 年
口径	9 毫米
重量	4 千克
全长	820 毫米
装弹	自由枪机式，32 发可拆卸弹匣
射程	150 米

伯格曼 MP18 冲锋枪的口径为 9 毫米，使用 32 发可拆卸弹匣，由于机动性强、火力大，德国很快就将它广泛部署到西线战场的其他地方。有报道称，伯格曼 MP18 冲锋枪的射速可达 500 发 / 分钟，完全可以与那些机动性差的机关枪相媲美。紧跟 MP18 冲锋枪出现的是 MP28 冲锋枪，两种武器基本相同，唯一的不同是，后者安装了一个快慢机和一个新型瞄准器。

伯格曼 MP18 冲锋枪并不是世界上第一种冲锋枪，但是人们将它看作是第一种步兵可用的冲锋枪。世界上第一种冲锋枪是 1915 年意大利的佩罗萨 M1915 型冲锋枪，但是这种机枪最

佩罗萨 M1915 型 冲锋枪

原产国	意大利
时间	1914 年
口径	9 毫米
重量	3.67 千克
全长	900 毫米
装弹	自由枪机式，25 发可拆卸弹匣
射程	180 米

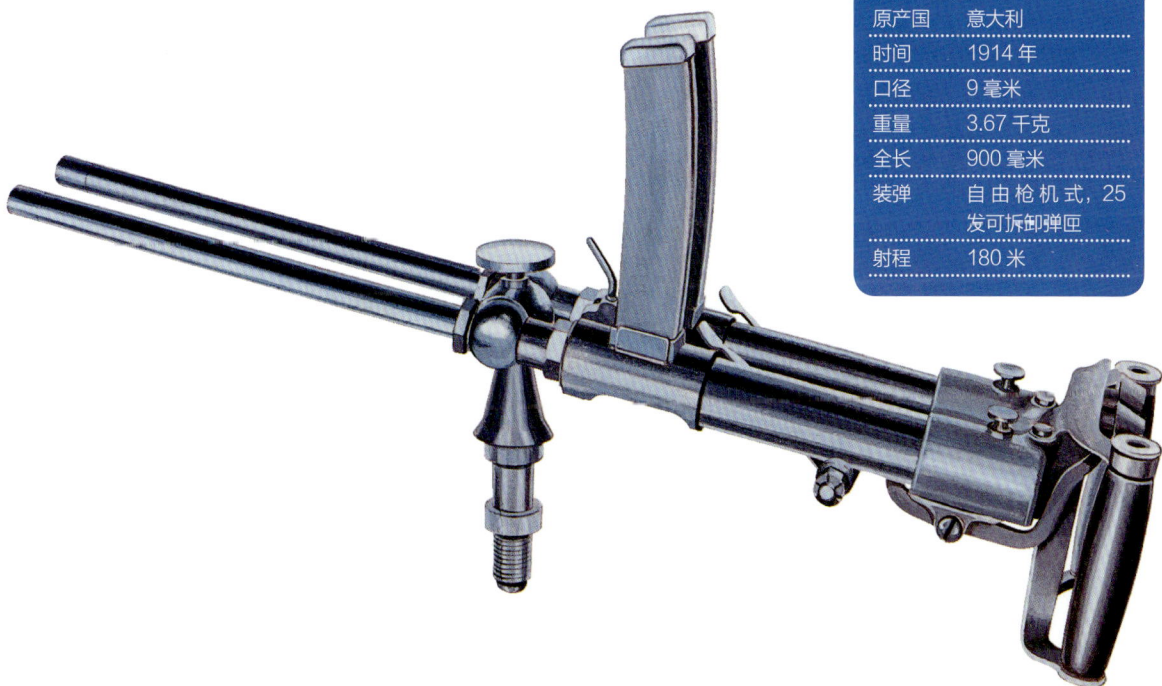

贝雷塔 M1918 型冲锋枪

原产国	意大利
时间	1918 年
口径	9 毫米
重量	3.3 千克
全长	1092 毫米
装弹	自由枪机式，25 发可拆卸弹匣
射程	100 米

初是安装在飞机上用于空战，并不是装备步兵使用。第一次世界大战结束后，交战各国签订了《凡尔赛条约》，该条约禁止德国制造伯格曼 MP18 冲锋枪，但是德国并没有被吓住，而是在秘密生产伯格曼 MP18 冲锋枪一直到 20 世纪 20 年代。

尽管伯格曼 MP18 冲锋枪已经展示了先进的技术，但是由于它出现在战争末期而且数量很少，未能影响到第一次世界大战的结局。但是，这种武器的性能已经在战斗中得到证实，并且它也影响到了冲锋枪和单兵自动武器的后续发展。

一些武器专家声称，佩罗萨 M1915 型和另一种意大利武器——OVP M1918 型可以被认为是世界上第一种冲锋枪。佩罗萨 M1915 型最初是安装在飞机上，但后来又装备到高山部队以提供移动的火力支援。尽管它的双枪管能提供持续的高射速，但精准度很差，而且它比较笨拙，需要从两脚架或平坦的平台上发射。OVP M1918 型安装了一个步枪枪托，其尺寸也仅为佩罗萨 M1915 型的一半，还具有单发射击模式。

贝雷塔 M1918 型是意大利另一种早期冲锋枪，它在第一次世界大战临近结束时才出现在战场上，而且数量很少。贝雷塔 M1918 型冲锋枪的口径为 9 毫米，使用 25 发可拆卸弹匣，弹匣安装在顶部，它只有自动射击模式。随后，意大利又推出了 M1918/30 型冲锋枪，它的弹匣安装在底部，并配有一把刺刀。

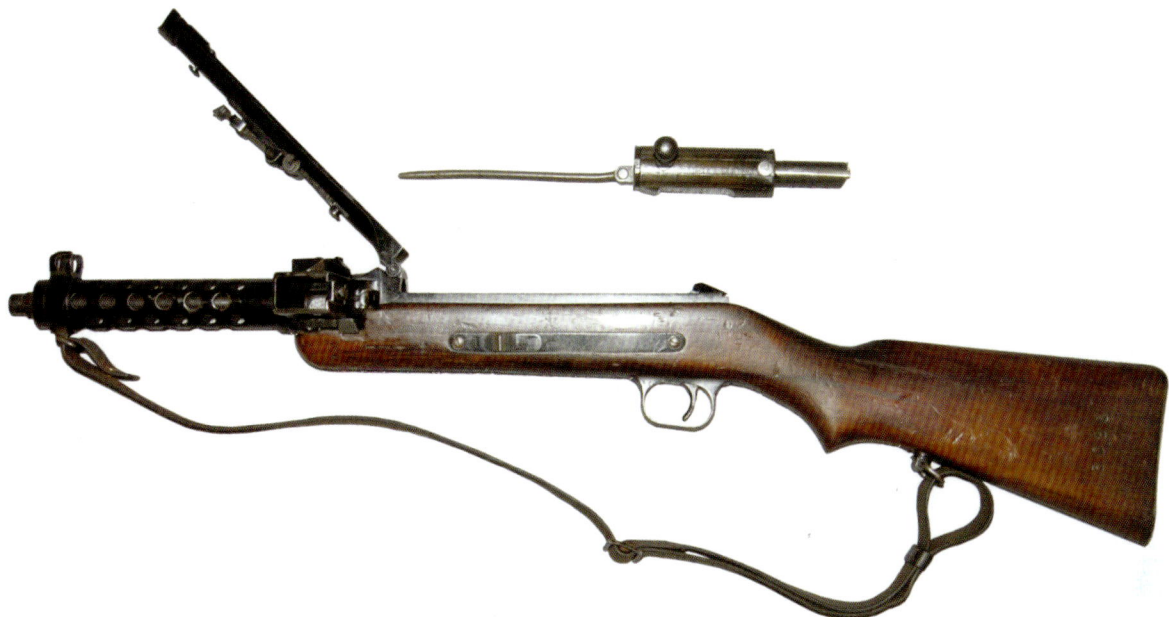

《凡尔赛条约》

第一次世界大战结束后交战各国签订了《凡尔赛条约》，尽管该条约禁止德国军队装备大多数自动武器，但德国并没有理会，在两次世界大战之间继续大规模装备自动武器。在第一次世界大战末期，自动武器的价值已经被广泛认可，在 20 世纪 30 年代的西班牙内战中弗朗西斯科·佛朗哥领导的国民军就装备了大量德国制造的自动武器。

德国通常将冲锋枪命名为"MP"，"MP"是德语"maschinenpistole"的缩写，意思就是自动手枪，德国这样做的目的就是努力规避《凡尔赛条约》。德国政府主导自己本国的武器制造商莱茵金属公司收购了瑞士的索洛图恩公司，随后莱茵金属公司又购买了奥地利斯太尔公司的大量股权。在几家公司的合力协助下，德国研制出了一种原型冲锋枪，并将它命名为MP34 冲锋枪。

MP34 是一种非常成功的冲锋枪，其精密结构让它具有非常出色的性能。奥地利版本的 MP34 冲锋枪也叫作斯太尔-索洛图

伯格曼 MP34 冲锋枪	
原产国	德国
时间	1930 年
口径	9 毫米
重量	4.25 千克
全长	850 毫米
装弹	自由枪机式，32 发可拆卸弹匣
射程	200 米

厄玛 MPE 冲锋枪

原产国	德国
时间	1930 年
口径	9 毫米
重量	4.15 千克
全长	902 毫米
装弹	自由枪机式，32 发可拆卸弹匣
射程	70 米

恩 S1-100 型。MP34 冲锋枪的口径为 9 毫米，使用可拆卸弹匣，弹匣容量为 20~32 发。它上面装有一个快慢机，使用者可以进行单发或全自动射击。尽管 MP34 冲锋枪的结构非常精细，但是这也导致其成本极高，限制了其大规模生产。

德国的另一种冲锋枪是 1930 年开始生产的厄玛 MPE 冲锋枪，这种冲锋枪在西班牙内战中被广泛部署。厄玛 MPE 冲锋枪的设计者是海因里希·沃尔默，它的口径为 9 毫米，使用 32 发可拆卸弹匣。此外，它还有一个木制枪托和手枪握把，以便于操控。20 世纪 30 年代，法国外籍军团和德国士兵使用的 MPE 冲锋枪的弹匣安装在左侧；后来出口到中国和南美洲的型号弹匣安装在右侧。

斯塔尔 SI 35 冲锋枪

原产国	西班牙
时间	1935 年
口径	9 毫米
重量	3.74 千克
全长	900 毫米
装弹	自由枪机式，40 发可拆卸弹匣
射程	50 米

其他欧洲国家的冲锋枪

从第一次世界大战结束到第二次世界大战爆发，欧洲很多国家都在研制冲锋枪，其中就包括西班牙，它的代表产品是斯塔尔 SI 35 冲锋枪。但是由于结构复杂、制造成本高，在西班牙内战时期，战斗双方都没有大量装备，他们转而选择更为廉价的武器。斯塔尔 SI 35 冲锋枪的显著特点有两个：一是它装有一个快慢机，使用者可以选择单发或自动射击模式；二是它装有

一个特殊的装置，该装置能在弹匣打光时让栓门打开，以方便装弹。捷克斯洛伐克的冲锋枪是 1938 年开始制造的 ZK383 冲锋枪，这种冲锋枪主要用于出口，它的口径为 9 毫米，使用 30 发可拆卸弹匣，最高射速可达 700 发 / 分钟。德国占领捷克斯洛伐克后，把很多冲锋枪装备到了德国党卫军中。

BAR 自动步枪的设计者是美国工程师约翰·勃朗宁，BAR 是 "Browning Automatic Rifle" 的缩写，意思就是勃朗宁自动武器。在第一次世界大战期间，BAR 自动步枪让美国班组级别的火力急剧提高。BAR 自动步枪在技术上被归类为步枪，但它展示出很多轻机枪或便携式冲锋枪的特点。BAR 自动步枪使用美国标准的斯普林菲尔德 7.62 毫米 × 63 毫米子弹，可拆卸弹匣的容量为 20 发。

第一次世界大战结束后，工程师将 BAR 自动步枪（M1918 型）上安装两脚架，并将其命名为 M1918A1 型，后来又出现了一种改进后的 M1918A2 型。两种型号的重量大约在 7.25 千克，它们既能单发射击，也能全自动射击，在全自动模式下其最高射速每分钟可达 350~550 发，在两次世界大战中它们深受美国士兵的欢迎。在后来的战斗中，M1918A1 型的两脚架经常被丢弃以降低重量。最终，M1918 型的总产量为 10 万支。

ZK 383 冲锋枪

原产国	捷克斯洛伐克
时间	1938 年
口径	9 毫米
重量	4.83 千克
全长	875 毫米
装弹	自由枪机式，30 发可拆卸弹匣
射程	100 米

勃朗宁 M1918 型冲锋枪

原产国	美国
时间	1938 年
口径	7.62 毫米
重量	7.25 千克
全长	1215 毫米
装弹	导气式，20 发可拆卸弹匣
射程	1500 米

▲ 美国士兵向摄影师展示他缴获的几种类型的德国武器，其中最著名的是 MP40 冲锋枪。

第三章
第二次世界大战期间的步枪

　　1939 年 9 月 1 日，德国装甲和步兵部队越过边境线入侵波兰，在欧洲点燃了第二次世界大战的战火。当时，日本早已经开始了对中国以及东南亚国家的入侵，企图征服整个东亚。日本、德国以及其他轴心国集团给人类带来了历史上损失最惨重的冲突。

　　到 20 世纪中期，第一次世界大战时期出现的步枪得到进一步发展，性能得到极大的提高。但是很多常见的栓动步枪和初级自动步枪仍然在继续服用，原因有两个：一是它们数量充足易于获得；二是它们的性能本身就很出色，存在延长服役时间的可能性。

　　与此同时，第二次世界大战本身就是一个试验场，将很多创新带到前线，衍生出了非常致命的战争武器，包括半自动、自动和突击步枪。这些武器成倍增大了单个士兵的火力和杀伤力，将枪支的发展引领到了一个新时代。

菲西 MAS36 步枪

原产国	法国
时间	1936 年
口径	7.5 毫米
重量	3.71 千克
全长	1021 毫米
装弹	栓动，五发盒状弹匣
射程	365.76 米

▲ 1939 年 9 月 1 日，德国闪电式袭击波兰。图中所示为一些德国士兵正在通过波兰边境上的一个检查站。

西欧的栓动步枪

1940 年，法国拥有西欧规模最大的陆军部队，但他们的装备并不是最好的。法国在现代步枪的研发和部署上远远落后于其他国家。当第二次世界大战爆发时，大部分法国士兵仍然在使用第一次世界大战时期的栓动勒贝尔贝尔蒂埃步枪。勒贝尔贝尔蒂埃步枪早在 1907 年就开始服役，设计者在 1915 年对其进行了一些改进。

1917 年，法国曾研制出了一种 8 毫米口径的导气式半自动步枪——菲西 M1917 型。但是前线部队并不喜欢，它的生产也在一年内就停止了。只有很少的菲西 M1917 型被使用到了 20 世纪 20 年代。

1936 年，法国军方发现自己的老式步枪存在很多不足之处，并开始计划让步兵部队重新统一装备 MAS36 栓动步枪，以彻底取代老式的勒贝尔步枪。MAS36 步枪的长度为 1021 毫米，略短于当时常规的步兵步枪，而且其矮壮的外观很像当时的一些卡宾枪。MAS36 步枪口径为 7.5 毫米，其内置五发弹匣可以由一个装弹条供弹。它的一个显著特点是有一个很奇怪的向前弯曲的枪栓，以方便于士兵开枪时握住武器。

　　尽管MAS36步枪的性能有了极大的提高，但是由于预算有限，法国圣埃蒂安兵工厂只生产了很少的数量，只有前线部队才有资格拥有，法国大部分军队仍然使用老式的勒贝尔步枪。有一点可以证明这种情况，当时法国仍然在大量装备带有榴弹发射器的勒贝尔M1886/93型。

阴影下的欧洲

　　法国并不是唯一一个军备现代化进程缓慢的国家，其他西欧国家也落后于德国的脚步，他们的军队仍然装备着陈旧的武器。第二次世界大战期间，比利时步兵装备的是7.65毫米口径FN M1889型步枪，这种步枪是比利时在授权许可下生产的德国版本的毛瑟步枪。挪威士兵装备的则是老式的克拉格-约尔根森M1894型栓动步枪。克拉格-约尔根森M1894型步枪的口径为6.5毫米，由一个五发容量内置弹匣供弹。

　　第一次世界大战期间表现出色的李-恩菲尔德MK III型步枪，在第二次世界大战期间仍然是英国军队很多部门的标准武器。第一支李-恩菲尔德步枪可以追溯到1895年，其衍生型号在六十多年里一直是英国军队主要的作战武器，产量超过1700万支。李-恩菲尔德MK III型步枪口径为7.7毫米，弹匣容量为10发，弹匣由一个五发弹条供弹。人们也对MK III型步枪进行过改装以使用新型高速尖头弹，此外他们还对瞄准器和弹匣进行了改进。

　　早在1939年初，英国军队士兵就开始陆续装备李-恩菲尔德No.4 MK I型步枪，以满足军队对更新型步枪的需求。升级后的No.4 MK I型步枪（MK IV型）与先前的型号相比，更轻

李-恩菲尔德 No.4 步枪

原产国	英国
时间	1939年
口径	7.7毫米
重量	4.11千克
全长	1128毫米
装弹	栓动，五发盒状弹匣
射程	1000米

便、更耐用，而且更容易制造，但它只是停留在试验阶段，产量也只有 1000 多支。直到 1941 年，英国军队才开始正式装备李-恩菲尔德 No.4 MK I 型步枪。

No.4 MK I 型步枪很容易与 MK III 型区别开来，因为它的枪管延伸出枪托末端而且更重。1942 年，No.4 MK I 型步枪被进一步简化，设计者在枪栓轨道上加装了一个缺口以取代较复杂的枪栓释放挂钩。该型号只在加拿大和美国生产。

No.4 MK I 型步枪的精准度很高，它有一个狙击步枪的型号，即 No.4 MK I（T）型。No.4 MK I（T）型装有一个可以让脸颊休息的木制枪托和一个狙击手瞄准器，在其他方面与标准的 No.4 步枪基本相同。有些狙击步枪的改装在加拿大进行，但大部分改装还由英国的霍兰德公司完成。狙击步枪型号非常成功，在英国军队中一直服役到 20 世纪 60 年代。此外，还有约1600 支澳大利亚狙击步枪，即 No.4 MK III HT 型，它安装了一根重型枪管和一根 M1918 型望远镜瞄准器。

丛林作战

中国—缅甸—印度战场处于广袤的丛林地带，在这里作战的士兵就需要一种标准李-恩菲尔德步枪的轻便缩小版。因此，英国在 20 世纪 40 年代中期研制了一款 No.5 丛林卡宾枪，装备给与日本作战的英国士兵。No.5 卡宾枪本质上是 No.4 步枪的缩短版，最初的计划是装备给伞兵部队。与 No.4 步枪相比，No.5 卡宾枪的枪管缩短了 100 毫米，因此重量减轻了约 1 千克；设计者重新设计了枪管和机匣，尽量减少木制材料的使用，增加的重量正好与前面减轻的重量相抵消。由于减少了橡胶衬垫的

李–恩菲尔德 No.5 步枪	
原产国	英国
时间	1944 年
口径	7.7 毫米
重量	3.24 千克
全长	1000 毫米
装弹	栓动，十发盒状弹匣
射程	1000 米

▲ 法国指挥官阿方斯·乔治斯和英国指挥官洛德·戈特视察即将奔赴东南亚的英国远征军。

使用，No.5卡宾枪会产生很大的后坐力。No.5卡宾枪还装有一个火焰抑制器，以防止隐藏的英国士兵被敌人发现。No.5卡宾枪的弹仓容量为十发，弹匣由一个五发弹条供弹，正常使用时它的最高射速可达30发/分钟。但是这些特点对于狙击手或丛林士兵来说并不是最重要的，胜利往往取决于精准度。由于No.5

卡宾枪无法实现人们期望的多次精准瞄准和射击，因此士兵们戏称它为"发飘的准星"。尽管存在这些缺点，但在 1944—1947 年间 No.5 卡宾枪的产量仍然超过 30 万支。

狙击步枪

德利勒卡宾枪

原产国	英国
时间	1943 年
口径	11.4 毫米
重量	3.7 千克
全长	960 毫米
装弹	栓动，七发可拆卸弹匣
射程	365 米

20 世纪 40 年代初，英国设计师威廉姆·德利勒基于经典的李-恩菲尔德步枪研制出了德利勒卡宾枪，英国军队于 1943 年开始装备这种卡宾枪，将其作为消声狙击步枪或远程步枪。德利勒卡宾枪的特点包括使用了改进的汤姆逊冲锋枪枪管和改装的柯尔特 M1911 型手枪弹匣，这也让它能够使用大威力的 11.4 毫米子弹。

作为一种单发栓动武器，德利勒卡宾枪发射时的声音非常小，相比之下当时其他消声武器的声音则大得多。德利勒卡宾枪的有效射程为 185 米，最大射程为 365 米。德利勒卡宾枪的单发武器比敌人的连发武器有明显的特点。但是利勒卡宾枪的产量很少，在 1943—1945 年间只生产了 129 支，其中大多数都装备给了英国突击队。

第二次世界大战期间，美国军队主要装备的是加兰德 M1 步枪。加兰德 M1 是一种导气式旋转枪栓武器，于 1936 年开始在美军中服役。事实上，加兰德 M1 可以算是世界上第一种正式服役的半自动步枪。加兰德 M1 步枪的设计者是美籍加拿大人约翰·C.加兰德，他的父母在他很小的时候从加拿大搬到了美国康涅狄格州。

加兰德此前曾研制了一种轻机枪，并被美国军队选中，接着他开始在美国标准局工作。第一次世界大战结束后，他在斯

加兰德 M1 步枪

原产国	美国
时间	1936 年
口径	7.62 毫米
重量	4.37 千克
全长	1103 毫米
装弹	导气式，八发内置弹匣
射程	550 米

普林菲尔德兵工厂担任顾问，并开始评估一种半自动步枪设计的潜力。

1934 年，加兰德在经过了 15 年的研究后，研制出了加兰德 M1 步枪，并获得了这种武器的专利。两年后，加兰德 M1 步枪开始量产，并于 1937 年开始装备美军。当时美国军队仍然使用斯普林菲尔德 M1903 型栓动步枪，加兰德 M1 步枪的出现在很大程度上取代了它的地位。尽管到 20 世纪 60 年代初，部分被 M14 步枪所取代，但加兰德 M1 仍然在美军中服役了 30 多年。

▼ 约翰·C.加兰德向美国陆军军官介绍他研制的加兰德 M1 步枪，加兰德 M1 步枪算是美国装备的第一种半自动步枪。

加兰德 M1 卡宾枪	
原产国	美国
时间	1943 年
口径	7.62 毫米
重量	2.5 千克
全长	905 毫米
装弹	导气式，30 发可拆卸弹匣
射程	300 米

加兰德 M1 步枪的口径为 7.62 毫米，其内置八发弹匣由装弹条供弹。它的有些射程可达 402 米，在训练有素的士兵手中，它能实现 40~50 发/分钟的高速射击。它也是迄今为止在第二次世界大战中射速最高的标准装备步枪。到 1963 年，加兰德 M1 步枪的总产量约为 650 万支。

加兰德 M1 步枪还有两种狙击步枪型号，即加兰德 M1C 和 M1D，两种型号在第二次世界大战期间也有生产，虽然 M1C 获得了美国军方的订单，但两种型号从未参加过实际战斗。1944 年 6 月，斯普林菲尔德 M1903A4 型成为美国标准的狙击步枪。

很多人都会认为轻便的加兰德 M1 卡宾枪是加兰德 M1 步枪的缩小版，但事实上它们采用的是完全不同的两种设计。加兰德 M1 半自动卡宾枪的使用者是轻型部队，例如伞兵、指挥部和军需兵、车辆和坦克乘员，以及一些军官。加兰德 M1 卡宾枪的口径为 7.62 毫米，军方的目的是给那些后方部队装备比标准手枪威力更大的武器。加兰德 M1 卡宾枪和 M1 步枪只有一个共同的部件，那就是枪托底板螺栓。

加兰德 M1 卡宾枪是由三名美国工程师耗费三年时间（1938—1941 年）研制的，它于 1942 年夏天开始服役，并一直持续到 20 世纪 70 年代。它利用一个 15 发或 30 发弹匣。加兰德 M1 卡宾枪有一种可选择全自动的变种，即 M2 卡宾枪，它的最高射速可达 900 发/分钟。

1935 年，希特勒公然否定了《凡尔赛条约》，并宣称德国军队的现代化重新整装。德国军队开始装备最新型的毛瑟步枪，即毛瑟 Karabiner 98Kurz，缩写为毛瑟 K98 或 K98K。毛瑟 K98 步枪是一种栓动步枪，标准口径为 7.92 毫米。

毛瑟 K98K 步枪的生产从 1935 年持续到 1945 年，总产量超过 1460 万支。毛瑟 K98K 步枪装有一个五发内置弹仓，它是从毛瑟格威尔 98 步枪发展来的。毛瑟格威尔 98 步枪于 20 世纪之交时首次在德军中服役，并且在第一次世界大战期间它是德国军队主要使用的作战武器。

在两次世界大战之间，德国根据格威尔 98 步枪研制了好几种型号，其中 K98K 步枪表现最出色。K98K 步枪重量为 3.9 千克，长度为 1110 毫米，比格威尔 98 步枪更轻更短，最初它的定位是一种卡宾枪。K98K 步枪使用 M98 栓动系统是从格威尔 98 步枪上改进来的，将直枪栓改成了操作更好的下弯枪栓。搭配安装合适的铁质瞄准器，它的最高射速可达 500 米。对于德国士兵来说，K98K 步枪的平均射速为 15 发/分钟。

毛瑟 K98K 步枪	
原产国	德国
时间	1935 年
口径	7.92 毫米
重量	3.9 千克
全长	1110 毫米
装弹	栓动，五发内置弹仓
射程	500 米

▼ 第二次世界大战早期，装备毛瑟 K98K 步枪的士兵正在奔赴前线。后来的很多步枪都是以毛瑟步枪为基础设计的。

毛瑟 K98K 步枪凭借在战斗中表现出的可靠性和耐用性，获得了极高的声誉。它的配件包括用于近战的刺刀和用于定点爆破的榴弹发射器。土耳其和捷克斯洛伐克政府获得授权生产自己的毛瑟 K98K 步枪版本。安装望远镜瞄准器的毛瑟 K98K 型号，有效射程可达 1000 米。

格威尔 43 步枪

第二次世界大战期间，德国曾研制过一种半自动步枪，但其效率不如 K98K 步枪的升级版高。格威尔 43 步枪由瓦尔特公司设计，尽管格威尔 43 步枪生产速度和成本都比不上其前代格威尔 43 步枪（一种失败的型号），但是它仍然展现出了一些前景。在东线战场的战斗报告中曾提到苏联的托卡列夫 SVT-40 步枪性能出色，瓦尔特公司便对缴获来的几把 SVT-40 步枪进行评估。因此，格威尔 43 步枪的外观与这种苏联武器很相似。

格威尔 43 步枪的口径为 8 毫米，它由一个十发可拆卸弹匣供弹。它的生产到 1943 年秋天才开始，并且由于原材料短缺，到 1945 年第二次世界大战结束时总产量大约为 10 万支。第二次世界大战的最后两年，只有很少的德国士兵有机会使用。此外，德国还生产了超过 5 万支狙击步枪型号。

▲ 准备奔赴北非战场的意大利士兵，但他们没想到非洲大陆的征程是一场灾难。

菲西 91 型步枪

原产国	意大利
时间	1891 年
口径	6.5 毫米
重量	3.8 千克
全长	1285 毫米
装弹	栓动，六发内置弹仓
射程	500 米

20 世纪 30 年代，墨索里尼下令意大利军队向埃塞俄比亚和阿尔巴尼亚进军，当时意大利步兵装备是早期菲西 91 型步枪（也被称作卡尔卡诺或曼立夏-卡尔卡诺 M1891 型）的衍生型号。M1891 型早在 1892 年就开始在意大利军队中服役，而且它也参加了第一次世界大战。M1891 型最初的口径为 6.5 毫米，由一个六发内置弹仓供弹，在 20 世纪 30 年代它算是一种非常落后的武器。

由于 M1891 型步枪性能落后且经常出现故障，意大利政府决定生产一种新型步枪，即 7.35 毫米口径的 M1938 型。但是制造过程中问题频发且生产数量有限，意大利政府不得不中止替换计划，被迫转而使用 6.5 毫米口径武器和弹药。

有一段时间，意大利军队装备了一种缩短版的 M1891 型。但是，到 1941 年意大利军队开始装备装有可调节瞄准器的加长版卡尔卡诺 M1891/M1941 型。

西线战场的冲锋枪

德国武器设计师帮助开拓了冲锋枪的发展进程，早在第一次世界大战期间就出现了早期的冲锋枪，并且在两次世界大战之间德国在冲锋枪的设计、制造和应用中取得了实质性的进展。

MP 系列冲锋枪有 20 多年的历史，此前的型号包括 MP36 和
MP38，由于快速生产的需要以及冲压零部件的使用，随着第二
次世界大战的爆发，MP40 冲锋枪紧跟时代的脚步，成为德国步
兵的主要武器。

人们经常将 MP40 冲锋枪及其近亲错认为是施迈瑟式冲锋
枪，但设计师雨果·施迈瑟并没有直接参与研制。MP40 冲锋枪
借鉴了好几个设计师的产品，其中最重要的是海因里希·沃尔
默，他也在优秀的 MG34 机枪的研发过程中发挥了重要作用。

在第二次世界大战期间，MP40 冲锋枪和其相关型号的产量
超过 100 万支。MP40 冲锋枪的口径为 9 毫米，射速可达 550 发/
分钟。MP40 冲锋枪只有自动射击模式，但熟练的士兵可以通过
精确控制扳机力度实现单发射击。MP40 冲锋枪使用一个 32 发
可拆卸弹匣或一个 64 发双弹匣配置，但当士兵发射紧紧抓住弹
匣，32 发弹匣容易出现供弹故障。向前折叠枪托可以让士兵携
带更方便，但在战斗中基本不起作用。

与 MP36、MP38 和 MP40 冲锋枪相同，MP41 冲锋枪的研
制目的也是让单个士兵有持续的火力。除了木制枪托和快慢机，
它与 MP40 完全相同。MP41 冲锋枪的口径为 9 毫米，最高射速
为 550 发/分钟。但是它并没有被广泛使用，影响因素是一场关
于专利权的法律斗争。德国最初的设想是装备给坦克和装甲部
队以及小型步兵部队的军官，但后来只发给了党卫军和宪兵队。

1945 年初，德国开始生产 MP3008 冲锋枪，并将它们装
备给国民自卫队和地方志愿军。MP3008 冲锋枪是基于英国的

MP41 冲锋枪

原产国	德国
时间	1941 年
口径	9 毫米
重量	3.87 千克
全长	860 毫米
装弹	自由枪机式，32 发可拆卸弹匣
射程	200 米

斯特恩冲锋枪研制的，它也被人们称为"人民的冲锋枪"。MP3008 冲锋枪采用自由式枪机设计，其口径为 9 毫米，由一个 32 发可拆卸弹匣供弹，最高射速为 450 发/分钟。MP3008 冲锋枪的生产时间很短暂，在第二次世界大战结束前就停止了，其产量大约为 1 万支。

MP3008 冲锋枪

原产国	德国
时间	1945 年
口径	9 毫米
重量	3.2 千克
全长	760 毫米
装弹	自由枪机式，32 发可拆卸弹匣
射程	70 米

兰彻斯特冲锋枪

原产国	英国
时间	1941 年
口径	9 毫米
重量	4.34 千克
全长	850 毫米
装弹	自由枪机式，50 发可拆卸弹匣
射程	70 米

廉价的大量生产

　　MP3008 冲锋枪的很多部件都是直接从钢板上冲压出来的，因此制造起来既简单又便宜。早期的型号没有握把，钢制枪托是后来焊接上去的，并且表面很粗糙。当钢铁材料的供应不足时，人们就换成了木制枪托。

　　第二次世界大战时期，英国第一支冲锋枪是兰彻斯特冲锋枪，兰彻斯特冲锋枪的口径为 9 毫米，本质上讲它就是德国伯格曼 MP28 冲锋枪的复制版。兰彻斯特冲锋枪使用 32 发或 50 发可拆卸弹匣，射速可达 600 发/分钟。兰彻斯特冲锋枪的设计者是英国工程师乔治·兰彻斯特，其生产始于 1941 年。尽管兰彻斯特冲锋枪与李-恩菲尔德步枪有很多可以互用的零部件，但由于制造过程复杂，无法实现大规模生产。最终，到第二次世

界大战结束时其产量只有大约 10 万支。

第二次世界大战期间，英国对从战场上缴获来的德国 MP40 冲锋枪印象深刻，他们便以此为基础研制出了著名的斯登冲锋枪。斯登冲锋枪的口径为 9 毫米，它装有粗糙的金属枪托和一个 32 发可拆卸弹匣，弹匣的位置很独特，不是位于下部而是位于左侧。斯登（Sten）的名字含义比较复杂，"ST" 代表其设计者雷金纳德·V. 谢泼德（Reginald V. Shepherd）和哈罗德·特平（Harold Turpin）的姓氏第一个字母，"EN" 代表其生产地恩菲尔德（Enfield）兵工厂的前两个字母。

第一种斯登冲锋枪的原型被命名为 MK I 型，它由哈罗德·特平手工制造。MK I 型的产量大约为 10 万支，它装有一个消焰器、木制握把和前握柄。后来的 MK I 型去掉了木制部件和消焰器以加速生产。

斯登冲锋枪唯一需要加工的零部件是枪管和枪机，并且斯登 MK II 型也很容易制造，因为它只包括 47 个冲压部件。斯登 MK II 型的产量超过 200 万支，并广泛装备到英联邦部队。斯登 MK II 型能提供非常好的火力支援，但容易卡壳，这是由于简化生产造成的。

斯登 MK III 型是斯特恩系列中结构最简单的，每支枪的组装只需要五个工时。斯登 MK III 型的显著特点是统一的机匣、退弹口和枪管包围（比 MK II 型进一步向上延伸）。当枪管被放置在里面时，人们便会将 MK III 型的枪身从顶部焊接封住。

斯登 MK I 冲锋枪

原产国	英国
时间	1941 年
口径	9 毫米
重量	3.1 千克
全长	760 毫米
装弹	自由枪机式，32 发可拆卸弹匣
射程	60 米

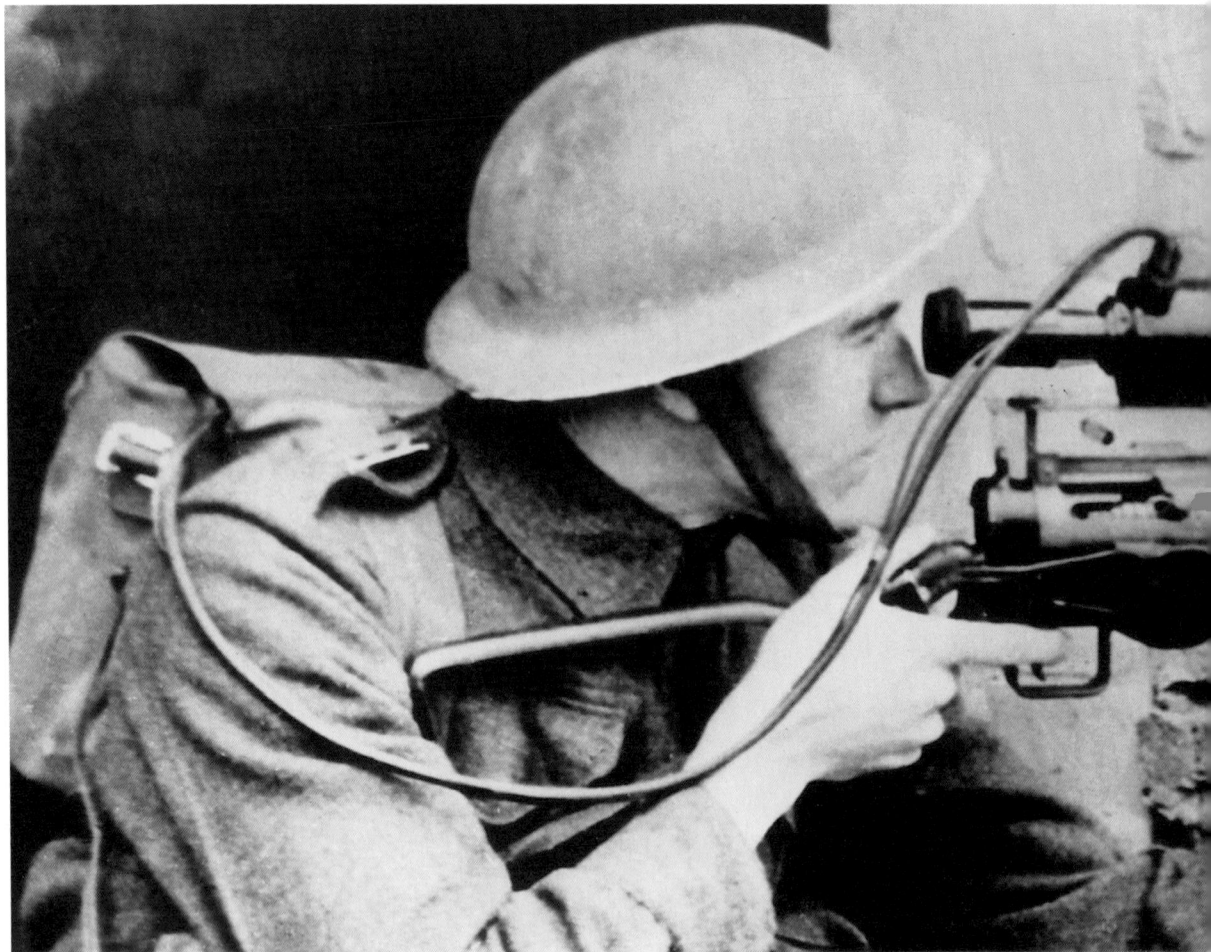

斯登冲锋枪的衍生型号

斯登冲锋枪总共有六种型号，并且其他国家也制造了很多衍生型号，它们被广泛装备给德占欧洲的大量抵抗分子。MK IV 型是一种缩小版，但一直处于原型阶段。斯登 MK V 型于 1944 年开始在英国军队中服役，其性能要优于先前的 MK III 型。MK V 型有一些改进，例如木制手枪握把和枪托。在 20 世纪 40 年代，斯登冲锋枪的产量超过 400 万支。

英国秘密作战特别行动部门研发了一种消声版斯登 MK II 型。消声斯登版除了枪口消声器外，与标准斯登相比在外观方面完全相同。但是在发射完前面十发子弹后，随着弹匣变空，发射声音会逐渐变大。斯登 MK V 型也有一种消声版，其名字为 MK VI 型。

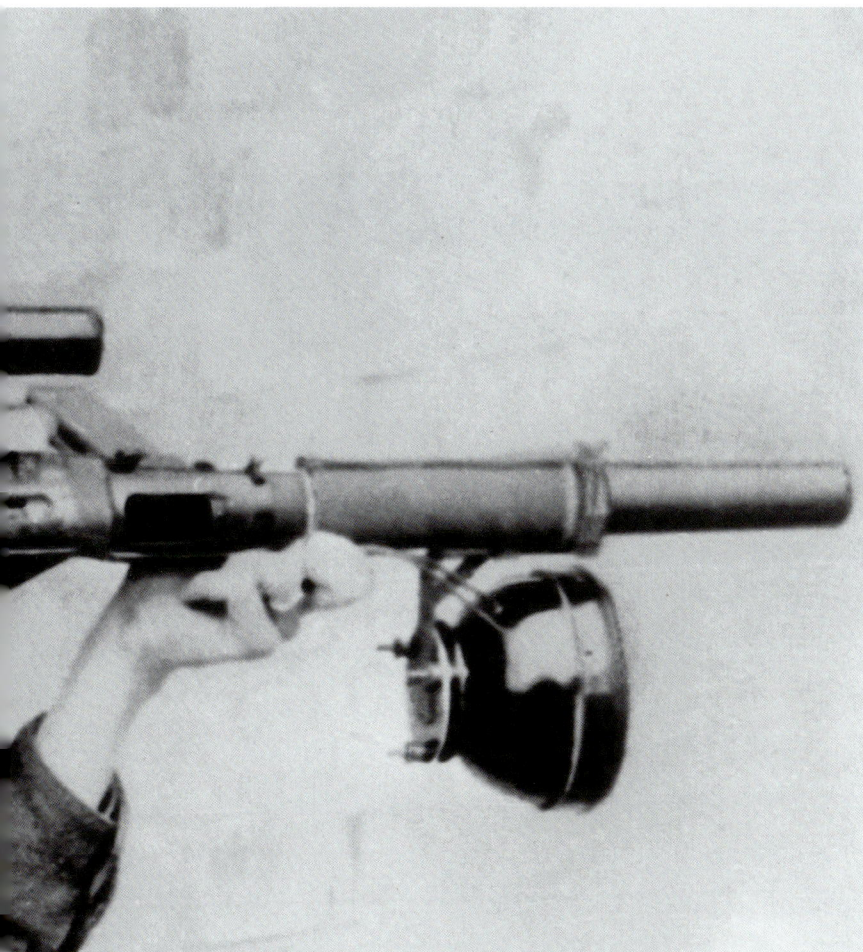

◀ 一名英国士兵正在利用一把消
声版斯登冲锋枪的望远镜瞄准器
瞄准目标。消声版斯登冲锋枪主
要应用在秘密行动中。

　　澳大利亚军队装备的是澳大利亚版斯登冲锋枪，其名字为
澳斯登。澳斯登冲锋枪也采用了很多冲压部件，并于 1942 年开
始在澳大利亚军队中服役。到第二次世界大战结束，澳斯登冲
锋枪的产量只有 2 万支。澳斯登冲锋枪的口径为 9 毫米，它使
用 28 发侧装可拆卸弹匣，射速可达 500 发/分钟。后来，澳大
利亚还研制了一种改进版 M2 型和一种消声版本。

斯登消声冲锋枪

原产国	英国
时间	1942 年
口径	9 毫米
重量	2.95 千克
全长	762 毫米
装弹	自由枪机式，32 发可拆卸弹匣
射程	70 米

澳斯登冲锋枪

原产国	澳大利亚
时间	1942 年
口径	9 毫米
重量	3.98 千克
全长	845 毫米
装弹	自由枪机式，28 发可拆卸弹匣
射程	50 米

帕切特 MK I 型 冲锋枪

原产国	英国
时间	1944 年
口径	9 毫米
重量	2.7 千克
全长	685 毫米
装弹	自由枪机式，32 发可拆卸弹匣
射程	70 米

　　欧文冲锋枪是澳大利亚在第二次世界大战期间研制并装备的唯一一种冲锋枪。欧文冲锋枪的设计者是伊芙琳·欧内斯特·欧文，它的口径为 9 毫米，并于 1943 年开始在澳大利亚军队中服役。在第二次世界大战期间，欧文冲锋枪的产量大约为 5 万支，大多数都用于在西南太平洋丛林中与日本作战。

　　到 1944 年，英国军队已经装备了帕切特 MK I 型冲锋枪，它与斯登冲锋枪相同，都使用 9 毫米帕拉贝鲁姆子弹。英国军方的意图是将帕切特冲锋枪作为斯登冲锋枪的补充，让两种武器使用可互换的弹匣。帕切特冲锋枪的制造工艺质量比斯登冲锋枪更高，它能实现 550 发/分钟的高射速。帕切特冲锋枪的设计者是乔治·帕切特，他也是斯特林武器公司的设计主管。

　　经过对超过 100 种武器进行测试，英国军方最终选择了帕切特冲锋枪装备给在 1944 年秋季执行市场花园行动的伞兵部队。帕切特冲锋枪具有半自动或全自动射击模式，因此比当时其他英

国冲锋枪更加精准和耐用，而且只需要很少的维护就能承受长期的艰苦战斗。到 1953 年，英国军方决定用帕切特冲锋枪替换掉斯登冲锋枪，最终帕切特冲锋枪一直服役到 20 世纪 80 年代。

汤姆逊冲锋枪

　　美国发明家约翰·T. 汤姆逊在 1919 年发明了著名的汤姆逊冲锋枪，目的是让这种武器打破未来可能会遇到的壕沟战僵局。在 20 世纪二三十年代的禁酒令时期，汤姆逊冲锋枪也是执法部门和有组织罪犯之间冲突的标志。

　　汤姆逊冲锋枪的口径为 11.4 毫米，采用半自由枪机和布里斯闭锁系统。它能使用 30 发可拆卸弹匣或 100 发弹鼓。汤姆逊冲锋枪在 1938 年才开始装备给美军、英军和英联邦部队。汤姆逊冲锋枪的第一种量产型号是 M1921 型。

　　美国军队装备的最初型号是 M1928 型，除了简化的自动方式外，它与前线的型号差别不大。军用版的 M1928A1 型既能使用长弹匣也能使用桥夹，随后在 1942 年 4 月，美国军方又装备了一种 M1928A1 型的简化版。简化版采用半自由枪机自动方式，并只能使用弹匣。在第二次世界大战期间，汤姆逊冲锋枪的总产量超过 150 万支。

　　美国另一种冲锋枪是既轻便又紧凑的赖辛冲锋枪，有时它也被定位为一种半自动卡宾枪。赖辛冲锋枪有两种射击模式的型号，装有折叠枪托的 M50 和 M55 型是全自动的；而 M60、M65 型和轻型步枪型号是半自动的。

汤姆逊 M1921 型冲锋枪	
原产国	美国
时间	1921 年
口径	11.4 毫米
重量	4.88 千克
全长	857 毫米
装弹	半自由枪机式，30 发可拆卸弹匣或 100 发弹鼓
射程	120 米

▲ 三名美国士兵在亚琛的一个街角小心翼翼地探察敌情，领头的士兵拿着一支全自动武器。亚琛是查理曼大帝的神圣罗马帝国首都所在地，它也是盟军占领的第一个德国城市。

　　勃朗宁自动步枪（BAR）是美军历史上的标志性步兵武器之一，但事实上这种全自动武器并没有完全达到人们的预期。BAR 的设计者是美国传奇枪械专家约翰·勃朗宁，由于在第一次世界大战期间美国派往法国的远征军装备的法国半自动武器表现并不理想，因此美国决定用它来取代。

　　BAR 在第二次世界大战期间作为一种小队级别的火力支援武器，在美国步兵中获得了很高的声誉。到 1938 年，美军授权对第一次世界大战期间的老式型号进行一系列改进计划。法国设计的手枪握把和减速器机构被去掉，换成了斯普林菲尔德兵工厂制造的一种减速器，这样新型步枪就能通过快慢机实现两种不同的射击速度。此外，枪口处还安装了闪光抑制器和两脚架，顶部安装了一个可调节机械瞄具。该型号被定为 M1918A2 型，并在第二次世界大战期间被大量制造。M1918A2 型的口径为 7.62 毫米，使用 20 发可拆卸弹匣，射速可达 650 发 / 分钟。

轻武器的先驱者

　　BAR 是勃朗宁设计的很多轻机枪中的一种。在全自动和半自动步枪的发展过程中，有一个很惊人的数字，那就是勃朗宁本人一生中总共获得了 18 项专利。勃朗宁生于 1855 年美国犹他州的奥格登，1926 年卒于比利时，他被公认为小型武器领域的先驱者和创新者。很多著名的制造商都生产他设计的武器，包括勃朗宁公司、温彻斯特公司、雷明顿公司、柯尔特公司和萨维奇公司等。

赖辛 M55 冲锋枪	
原产国	美国
时间	1941 年
口径	11.4 毫米
重量	2.89 千克
全长	787 毫米
装弹	自由枪机式，25 发可拆卸弹匣
射程	120 米

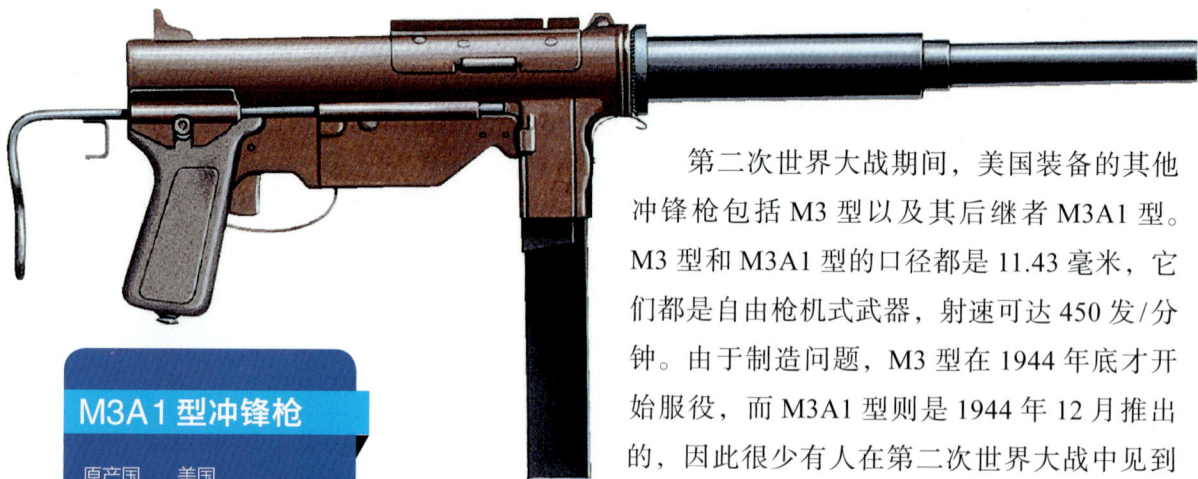

M3A1 型冲锋枪

原产国	美国
时间	1944 年
口径	11.43 毫米
重量	3.7 千克
全长	762 毫米
装弹	自由枪机式，30 发可拆卸弹匣
射程	50 米

M42 型冲锋枪

原产国	美国
时间	1942 年
口径	11.43 毫米
重量	4.1 千克
全长	820 毫米
装弹	自由枪机式，25 发可拆卸弹匣
射程	120 米

第二次世界大战期间，美国装备的其他冲锋枪包括 M3 型以及其后继者 M3A1 型。M3 型和 M3A1 型的口径都是 11.43 毫米，它们都是自由枪机式武器，射速可达 450 发 / 分钟。由于制造问题，M3 型在 1944 年底才开始服役，而 M3A1 型则是 1944 年 12 月推出的，因此很少有人在第二次世界大战中见到它的身影。M3A1 型比原来的 M3 型有很多改进，包括更可靠的扳机组件。M3 型在野战使用时容易堆积污垢，而且 30 发弹匣难以通过手动装载。

在美军的测试中，M2 型曾经与 M3 型激烈竞争，并且在 1943 年初赢得了超过 1.6 万支的订单，但后来订单被取消了。M2 型使用了与著名的汤姆逊冲锋枪相同的弹匣系统，射速可达 500 发 / 分钟。1942—1943 年马林公司总共只生产了约 400 支 M2 型。

11.43 毫米口径的 M42 型冲锋枪曾被美军认为是汤姆逊冲锋枪的潜在替换者。M42 型冲锋枪的射速可达 700 发 / 分钟，美国战略服务部的秘密部门购买了一些，并将它们装备给秘密行动部门。1942—1945 年，M42 型的产量大约为 1.5 万支。

在第二次世界大战期间，除了 OVP M1918 型，意大利军队还装备了贝雷塔 MAB 38 型冲锋枪。OVP M1918 型的研发可以追溯到第一次世界大战时期，它的口径为 9 毫米，由一个 25 发弹匣供弹，射速可达 900 发 / 分钟。

贝雷塔 MAB 38 型冲锋枪的口径为 8.8 毫米，它的生产地位于布雷西亚的贝雷塔兵工厂。它的射速可达 500 发/分钟，并能使用 10 发、20 发或 40 发可拆卸弹匣。MAB 38 型装有两个扳机，能实现全自动和半自动模式射击。

自动步枪

世界上第一种彻底的全自动步枪是德国的 StG44 自动步枪，其总产量为 42.5 万支。德国将大量 StG44 自动步枪供应到东线战场来对抗苏联红军。由于受到希特勒的直接干预，StG44 自动步枪的研发被迫放慢速度，甚至影响到了武器的后续发展。

StG44 和其前代 StG43 在本质上是完全相同的，两者编号的不同是由于在不同年代生产的。StG44 有时也被称为 MP43，这让人们更容易混淆。尽管 StG44 与前代完全相同，但随着大规模制造的开始，它也成为德国官方自动步枪。

StG44 自动步枪的特点是有一个长弯曲弹匣，弹匣内最多能容纳 30 发 7.62 毫米口径子弹。StG44 自动步枪的射速可达500 发/分钟，有效射程为 300 米。StG44 自动步枪采用导气式

StG44 自动步枪	
原产国	德国
时间	1944 年
口径	7.92 毫米
重量	5.1 千克
全长	940 毫米
装弹	导气式，30 发可拆卸弹匣
射程	300 米

FG42 自动步枪	
原产国	德国
时间	1942 年
口径	7.92 毫米
重量	4.2 千克
全长	945 毫米
装弹	导气式，20 发可拆卸弹匣
射程	500 米

▶ 一名疲惫的德国士兵，他的脖子上挂着一把 StG44 全自动步枪。StG44 也被认为是世界上第一种服役的全自动步枪。

自动方式，并装有一个倾斜枪机，而且能够进行全自动或半自动射击。StG44 自动步枪的设计始于 20 世纪 40 年代初期，并于 1943 年 10 月开始大规模生产。StG44 自动步枪后来成为全世界步兵自动武器发展的基础。

德国空降部队装备的是轻型 FG42 全自动步枪，由于具有轻便且便于携带的特点，它也算是一种早期的突击步枪。FG42 由路易斯·斯特兰奇设计，由莱茵武器公司负责制造，它的口径为 7.92 毫米，使用 10 发或 20 发可拆卸弹匣。它很轻便，总重量仅为 4.2 千克。但是由于制造枪管所需的锰原料短缺，它的产量只有 2000 支。当 FG42 到达战场后，人们就根据实际情况对它进行了改进，包括两脚架从扶手处移动到枪管处以增强控制性；枪托也从金属改成了木制握把并倾斜到一个几乎垂直的位置。

当 FG42 处于全自动模式时，强大的后坐力会让它难以操控。后来的型号将最高射速从 900 发 / 分钟降低到 750 发 / 分钟，而且枪管也被改进以降低后坐力和枪口闪光。

查尔顿自动步枪

查尔顿自动步枪由新西兰工程师菲利普·查尔顿设计，本质上他就是将 20 世纪初的李 - 恩菲尔德和李 - 梅特福德步枪改装成全自动型号。使用这种自动步枪的主要是在太平洋作战的英联邦部队，这支部队还使用布伦和刘易斯轻型自动步枪。

查尔顿自动步枪的口径为 7.7 毫米，它与布伦自动步枪使用相同的 10 发或 30 发弹匣。查尔顿自动步枪的射速可达 600 发 / 分钟，并有两个版本：新西兰版和澳大利亚版。新西兰版装有一个两脚架和前握把，而澳大利亚版则什么也没有。

查尔顿自动步枪	
原产国	新西兰
时间	1941 年
口径	7.7 毫米
重量	7.3 千克
全长	1150 毫米
装弹	导气式，30 发可拆卸弹匣
射程	910 米

▲ 一名冬季伪装的苏联狙击手正在使用一把装有望远镜瞄准器的莫辛－纳甘步枪。很多苏联狙击手都使用这种步枪。

莫辛－纳甘 M1891 型步枪

原产国	苏联
时间	1891 年
口径	7.62 毫米
重量	4.37 千克
全长	1305 毫米
装弹	栓动，5 发盒状弹仓
射程	500 米

东线战场的栓动步枪

第二次世界大战爆发后最初的几个月里，苏联红军步兵装备的主要是 7.62 毫米莫辛-纳甘 M1891/30 型栓动步枪。1917 年俄国爆发十月革命，工人阶级联合贫农赢得政权。1924 年，苏联决定对老式的 M1891 型进行现代化改造，结果就是 M1891/30 型。

M1891/30 型以骑兵型号为基础，枪管缩短了 89 毫米，而且前瞄准器也由叶片式改为罩盖式。此外，枪栓也有略微的修改。

1936 年，苏联再一次对 M1891/30 型进行改进，为了加快

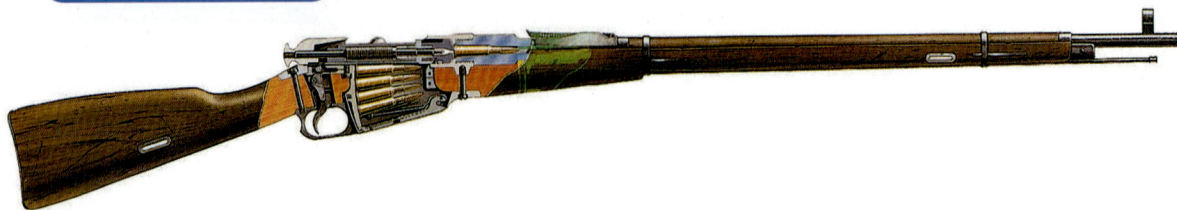

生产速度，机匣由原来的八角形变成更容易制造的圆形。随着
1941 年 6 月 22 日德国的入侵，M1891/30 型以及 M1936 型的
生产速度都大幅度提高。到第二次世界大战结束时，M1891/30
型及其衍生型号的产量超过 170 万支。尽管由于快速生产需要，
战时生产的型号都不如战后生产的质量高，但 M1891/30 型在东
线战场恶劣的作战环境中的表现仍然很出色，在苏联士兵中获
得了极高的声誉。

1932 年，苏联还将一部分最初的 M1891 型改装成狙击步
枪，并将它们命名为 M1891/31 型。M1891/31 型装有一个更
长和弯曲度更高的拉柄，以允许更流畅的操作，而且枪栓顶部
还加装了一个望远镜瞄准器。M1891/31 型以精准度著称，苏
联报道称狙击手瓦西里·扎伊采夫用这种步枪击毙了超过 225
名敌人。瓦西里本人因此获得"苏联英雄"的称号，这种步枪
在战争年代非常有名。

1938 年，苏联还将一部分最初的 M1891 型改装成 M1938
型卡宾枪，这种卡宾枪常常被用作狙击步枪。M1938 型卡宾枪
保留了原来的五发弹仓，并主要装备给后方部队。后来，M1938
型被 M1944 型所取代，M1944 型与 M1938 型基本相同，只是
加装了一把刺刀。M1944 型的生产从 1944 年开始，到 1948 年
结束。

SKS 卡宾枪是一种半自动武器，它于 1945 年开始装备到苏
联作战部队。SKS 卡宾枪主要装备给那些车辆载具乘员和在狭

SKS 卡宾枪

原产国	苏联
时间	1945 年
口径	7.62 毫米
重量	3.85 千克
全长	1021 毫米
装弹	导气式，10 发内置弹仓
射程	400 米

窄地区行动的机动部队。它的口径为 7.62 毫米，可以由 10 发弹条或弹夹供弹。

第二次世界大战期间，波兰两面受敌，西部受到德国的入侵，东部则受到苏联的进攻，波兰士兵誓死保卫自己的国土，当时他们装备的主要是 Karabinek wz. 29 步枪，这种栓动步枪衍生自德国人毛瑟设计的格威尔 M1898 型，而格威尔 M1898 型也是当时德国装备的毛瑟 K98K 步枪的祖先。

Karabinek wz. 29 步枪的口径为 7.62 毫米，它使用五发内置弹夹，平均射速为 15 发/分钟。1930 年，波兰得到生产许可，

在位于拉多姆的波兰国家兵工厂总共生产了 26.4 万支。波兰沦
陷后，Karabinek wz. 29 步枪成为抵抗团体和一些有组织的波兰
军队最常用的武器。

　　第二次世界大战期间，罗马尼亚军队装备的是 VZ24 步枪。
VZ24 步枪的设计类似于德国格威尔 98 步枪，第一次世界大战
结束后不久其生产在捷克斯洛伐克正式开始。它有几处改进，
包括一个更短的枪管，因此人们并不认为它是德国步枪的复
制品。

　　第二次世界大战期间，日本步兵装备的栓动步枪有两种，

◀ 日本士兵拿着装有刺刀的有坂
步枪。

有坂 99 式步枪

原产国	日本
时间	1939 年
口径	7.7 毫米
重量	3.7 千克
全长	1120 毫米
装弹	栓动，五发内置弹仓
射程	500 米

即有坂 38 式和 99 式。38 式的名字来源于日本明治 38 年，99 式则是代表日本历法的 2099 年。两种步枪都受到德国毛瑟设计的极大影响，而且它们也被统一称作有坂步枪，以代表日本的有坂上校。有坂上校在日本的武器发展中占有很重要的地位，他领导成立了一个部门来为日本军队研制现代化武器。

有坂 38 式步枪的口径为 6.5 毫米，20 世纪 30 年代，日本本打算用 99 式替换 38 式，但随着美国对日本宣战，完全取代并没有完成，因此第二次世界大战期间两种步枪都有使用。1939—1945 年，九个兵工厂共制造了超过 350 万支 99 式步枪，其中七个位于日本国内，一个位于中国沈阳，还有一个位于韩国仁川。

有坂 99 式步枪的口径为 7.7 毫米，其内置五发弹仓由子弹条供弹。有坂 99 式步枪的单脚架让它很容易辨认，理论上讲单脚架能在射击时让武器保持稳定。此外，有坂 99 式步枪还装有一个便于清洁的镀铬枪管。

第二次世界大战前和第二次世界大战早期制造的 99 式步枪性能非常好，但到战争后期日本工业能力被削弱，并且原材料短缺，步枪质量迅速下滑。

第二次世界大战期间，有坂 38 式发展出了两种衍生型号，即 44 式卡宾枪和 97 式狙击步枪。44 式卡宾枪也被称为"骑兵步枪"，它与常规 38 式步枪使用相同弹药，并装有一把刺刀。97 式狙击步枪研制于 1937 年，它的口径为 6.5 毫米，并装有一个望远镜瞄准器。最终，97 式狙击步枪的总产量为 1.4 万支。

在 20 世纪 30 年代的抗日战争期间，中国军队装备的主要是汉阳 88 式步枪（衍生自德国格威尔 88 步枪）。1935 年以后，中国军队开始装备另一种德国格威尔 88 步枪的衍生品——79 式

步枪。最终，79 式步枪的总产量超过 50 万支。

东线战场的自动步枪

1938 年，托卡列夫为苏联红军研制了 SVT-38 自动步枪。SVT-38 自动步枪很长，它装有一个简单的闭锁结构，该结构包含一个向下嵌入机匣底槽的带有凸轮的块体。当枪管向后移动时，闭锁就会被释放。

SVT-38 导气式自动步枪是托卡列夫耗费 20 多年的研究成果。它的口径为 7.62 毫米，并使用 10 发可拆卸弹匣。20 世纪 30 年代，SVT-38 自动步枪被选为苏联红军的标准武器，1939 年夏天在图拉兵工厂开始大规模生产。在 1939—1940 年间的冬季战争中，约 15 万支被装备到苏联作战部队中，战斗报告却指出，它存在结构复杂难以维护且弹匣容易掉落的问题，因此其生产也在 1940 年被终止。

1940 年 7 月，苏联的图拉、伊热夫斯克和波多利斯克兵工厂接到命令开始生产轻便的 SVT-40 自动步枪，与之前的型号相比，SVT-40 自动步枪有一些改进，包括改进了弹匣释放，并采用了整体护手。此外，它的生产过程也被简化，以满足大规模生产的需求。SVT-40 自动步枪的口径仍然为 7.62 毫米，并使用 10 发可拆卸弹匣。

97 式狙击步枪

原产国	日本
时间	1937 年
口径	6.5 毫米
重量	3.95 千克
全长	1280 毫米
装弹	栓动，五发内置弹仓
射程	500 米

托卡列夫 SVT-38 自动步枪

原产国	苏联
时间	1938 年
口径	7.62 毫米
重量	3.95 千克
全长	1222 毫米
装弹	导气式，10 发可拆卸弹匣
射程	500 米

▶ 冬季伪装的苏联红军战士正在等待指挥官的命令。第二次世界大战期间，苏联装备了大量的半自动和全自动步枪。

尽管苏联最初的想法是让 SVT-40 自动步枪取代老式的莫辛-纳甘 M1891/30 型栓动步枪，但是德国在 1941 年 6 月入侵苏联后，苏联急需大量的武器装备，因此不得不继续生产老式步枪。苏联军方做出妥协，计划让苏联红军步兵师 1/3 的士兵都装备先进的 SVT-40 自动步枪，但是由于生产数量有限，这一比例从未实现。

SVT-40 自动步枪的衍生型号包括一种卡宾枪和 AVT-40 自动步枪，其中 AVT-40 自动步枪具有全自动射击能力。但是由于弹匣容量有限，只有 10 发，因此全自动射击时，它并不实用。

托卡列夫 AVT-40 自动步枪	
原产国	苏联
时间	1940 年
口径	7.62 毫米
重量	3.9 千克
全长	1226 毫米
装弹	导气式，10 发可拆卸弹匣
射程	500 米

东线战场的冲锋枪

第二次世界大战期间，苏联军方已经认识到冲锋枪是增强红军实力的重要组成部分。然而，苏联研制的早期冲锋枪主要依赖于德国设计。

PPD 1934/38 冲锋枪是由瓦西里·捷格加廖夫设计的，本质上它就是德国伯格曼 MP28 冲锋枪的复制品，它既能使用仿制自芬兰 KP-31 冲锋枪的弹盘，也能使用一个 25 发盒状可拆卸弹匣。PPD 1934/38 冲锋枪是一种自由枪机开栓武器，口径为 7.62 毫米。1935 年，苏联红军开始装备这种武器，但由于它制造成本昂贵，因此并不适合大规模生产。到 1941 年底，它的产量为 9 万支，但随后就被更廉价的 PPSh-41 冲锋枪所取代。

PPSh-41 冲锋枪由格奥尔基·斯帕金设计，它是一种自由枪机式武器，具有半自动或全自动发射模式。在 1939—1940 年间的冬季战争中，苏联红军高级军官认识到单兵火力和机动性的重要性，因此到 1941 年秋天，苏联下令让莫斯科区域的多个兵工厂生产 PPSh-41 冲锋枪。

PPSh-41 冲锋枪

原产国	苏联
时间	1941 年
口径	7.62 毫米
重量	3.64 千克
全长	838 毫米
装弹	自由枪机式，35 发可拆卸弹匣或 71 发弹鼓
射程	120 米

芬兰 KP-31 冲锋枪

原产国	芬兰
时间	1931 年
口径	9 毫米
重量	2.8 千克
全长	825 毫米
装弹	自由枪机式，50 发可拆卸弹匣或 71 发弹鼓
射程	70 米

随着战争的继续，仅仅在 1942 年的前五个月，苏联几个兵工厂的 PPSh-41 冲锋枪的产量就超过 15 万支，平均每天 1000支。PPSh-41 冲锋枪的结构很简单，只包含 87 个零部件，单支武器的加工只需要 7 个小时。

到第二次世界大战结束时，PPSh-41 冲锋枪的总产量超过 600 万支，很多配有一个 71 发弹鼓和镀铬枪管。最终，苏联红军的所有士兵都装备上了 PPSh-41 冲锋枪，这让战斗力急剧提高。

1943 年初，苏联开始生产比 PPSh-41 冲锋枪更廉价的由亚力克西·苏达耶夫设计的 PPSh-42 冲锋枪。到 1943 年底，PPSh-42 冲锋枪的月产量增加到 3.5 万支。PPSh-42 冲锋枪的口径为 7.62 毫米，它使用 35 发可拆卸弹匣，射速可达 900 发/分钟。它的使用者主要是支援部队、载具乘员和侦察部队。PPSh-42 还有一种改进版 PPS-43，它的生产地是被德国军队围攻了 900 多天的列宁格勒（即圣彼得堡）。

▲ 在 1941 年克里米亚的塞瓦斯托波尔附近，苏联游击队员装备着装有 71 发弹鼓的 PPSh–41 冲锋枪。

芬兰的冲锋枪

芬兰 KP-31 冲锋枪由艾莫·J. 拉赫蒂设计，它作为一种出色的步兵武器赢得了非常好的声誉。最初的 KP-31 冲锋枪可以追溯到 20 世纪 20 年代早期，后来设计者将它的口径从 7.62 毫米变成 9 毫米，以使用与德国军队相同的帕拉贝鲁姆子弹。KP-31 冲锋枪可以使用多种弹匣，其中一种是 71 发弹鼓。

KP-31 冲锋枪有半自动和全自动两种模式，射速可达 800 发/分钟。在冬季战争中，芬兰军队凭借它的强大火力击退了数

Konepistooli M44 冲锋枪

原产国	芬兰
时间	1944 年
口径	9 毫米
重量	2.8 千克
全长	825 毫米
装弹	自由枪机式，50 发可拆卸弹匣或 71 发弹鼓
射程	70 米

博伊斯反坦克步枪

原产国	英国
时间	1937 年
口径	13.9 毫米
重量	16 千克
全长	1575 毫米
装弹	栓动，五发可拆卸弹匣
射程	90 米，可击穿 23 毫米厚装甲

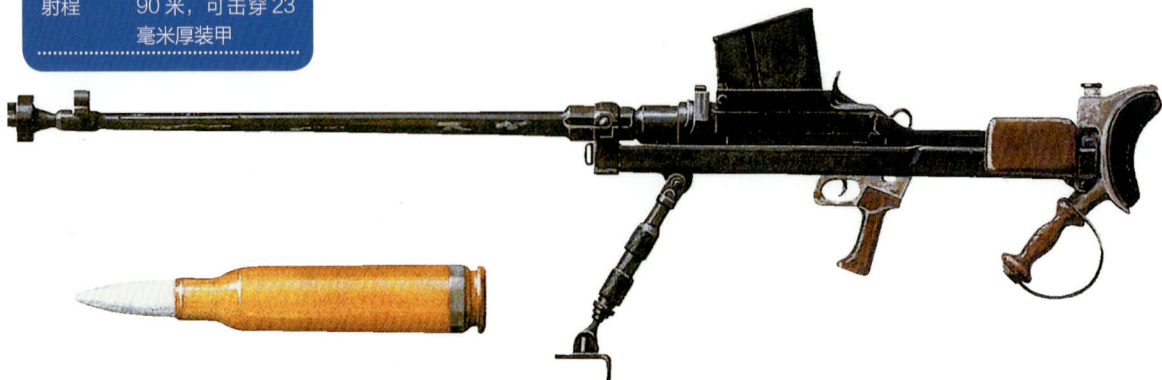

倍于自己的苏联军队。毫无疑问，冬季战争也影响了苏联的军事思想，他们随后就开始大规模装备冲锋枪。

芬兰装备的另一种冲锋枪是 Konepistooli M44 冲锋枪，本质上讲它是苏联 PPS-43 冲锋枪的芬兰仿制版。M44 冲锋枪既能使用 KP-31 上的 71 发弹鼓，也能使用一种 50 发可拆卸弹匣。第二次世界大战结束后，芬兰对它们进行了改装，转而使用瑞典卡尔·古斯塔夫冲锋枪的 36 发弹匣。

日本的冲锋枪

第二次世界大战期间日本军队装备的唯一一种冲锋枪是南部 100 式，南部 100 式冲锋枪的口径为 8 毫米，最高射速仅为 450 发/分钟，但后来人们对其进行了改装，使其最高射速提高到 800 发/分钟。南部 100 式冲锋枪的设计参考了德国伯格曼 MP18 冲锋枪，其 30 发可拆卸弹匣安装在右手侧。南部 100 式

冲锋枪于 1942 年开始服役，但随着战争的持续，日本的工业产能受到限制，到 1945 年 100 式冲锋枪的产量还不到 3 万支。

▲ 一名法国士兵正在使用博伊斯反坦克步枪瞄准目标。博伊斯反坦克步枪除了威力大外，还有一个众所周知的特点，那就是后坐力非常大。

反坦克步枪

博伊斯反坦克步枪重达 16 千克，使用者需要借助两脚架和垫肩来固定。1937 年初，新一代肩扛式反坦克武器出现后，它很快就过时了。但是，它的产量仍然达到 6.2 万支，并主要分为三种型号。MK I 型装有一个 T 形脚架和一个圆形枪口制动器；后来的 MK I 升级版则装有 V 形脚架和方形枪口制动器；还有一种轻型空降版，它没有安装枪口制动器并且枪管长度也缩短到 760 毫米。

博伊斯反坦克步枪的口径为 13.9 毫米，它使用五发可拆卸弹匣。能够在 91 米远的距离击穿敌方 23 毫米厚的坦克防御装甲。随着肩扛式反坦克武器的出现，以及敌方坦克防御装甲厚度的增加，博伊斯反坦克步枪也逐渐失去作用。但是，它在战

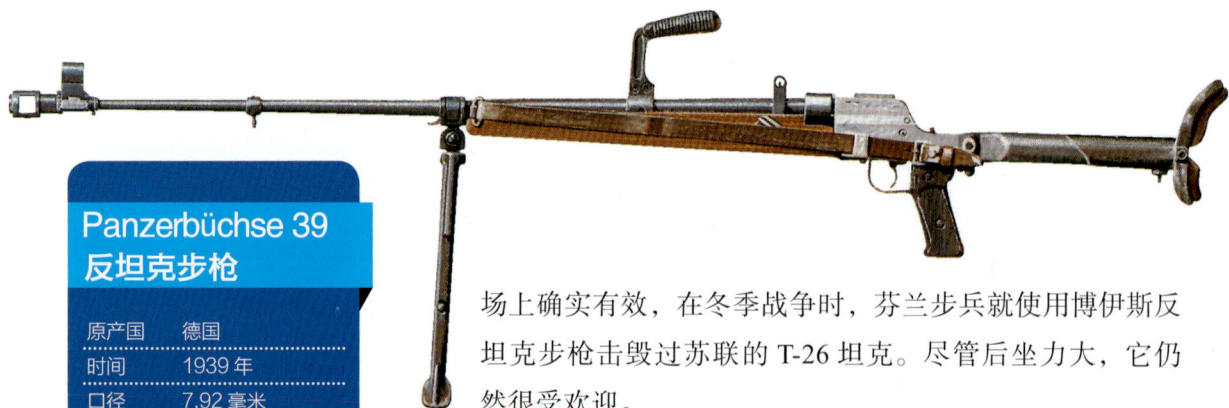

Panzerbüchse 39
反坦克步枪

原产国	德国
时间	1939 年
口径	7.92 毫米
重量	11.6 千克
全长	1620 毫米
装弹	栓动，单发
射程	300 米，可击穿 25 毫米厚装甲

Granatbüchse 39
反坦克步枪

原产国	德国
时间	1942 年
口径	30 毫米
重量	10.43 千克
全长	1232 毫米
装弹	手动装弹，单发
射程	125 米

场上确实有效，在冬季战争时，芬兰步兵就使用博伊斯反坦克步枪击毁过苏联的 T-26 坦克。尽管后坐力大，它仍然很受欢迎。

德国在 1940—1941 年共生产了超过 3.9 万支 Panzerbüchse 39 反坦克步枪，其中很多都在 1940 年春天被部署到参加法国战役的德国军队中，并且表现得非常出色。Panzerbüchse 39 反坦克步枪的设计者是工程师布劳尔，生产地是古斯塔夫兵工厂，它能在 300 米远的距离击穿 25 毫米厚的防御装甲。后来德国研制出了穿透力更强的钨芯弹，进一步延长了这种武器的寿命。

1942 年，德国军队开始装备 Granatbüchse 39 反坦克步枪，本质上讲它是 Panzerbüchse 39 反坦克步枪的改装型号。Granatbüchse 39 反坦克步枪装有一个缩短的枪管，并且更换了两脚架、枪带箍、携带枪带和把手的安装位置，以便于携带和战地部署。Granatbüchse 39 反坦克步枪的枪管上还可以安装一个榴弹发射器，榴弹的类型有三种，分别是反人员、小型反坦克和大型反坦克类型，每一种都由 7.92 毫米空包弹驱动。

苏联红军于 1941 年开始装备 PTRD-41 反坦克步枪。这种单发武器的口径为 14.5 毫米，总重量为 17.3 千克，需要两个人才能操作。当使用钨芯弹时，它能在 100 米远的距离射穿 40 毫米厚的防御装甲。当德国进一步增加坦克防御装甲的厚度时，PTRD-41 反坦克步枪的使用者往往会选择射击炮眼或观察缝，利用击毙坦克乘员的方法来让坦克失效。此外，苏联步兵也会使用 PTRD-41 反坦克步枪来攻击敌方步兵。

苏联的 PTRS-41 反坦克步枪比 PTRD-41 更重，达到 20.3 千克，它使用五发可拆卸弹匣，由于枪管可以拆卸下来，因此方便运输。它的口径为 14.5 毫米，使用钢芯或钨芯弹。PTRS-41 反坦克步枪是工程师谢尔盖·加夫里洛维奇·西蒙诺夫在 1938 年设计的，有时它也被人们简称为西蒙诺夫反坦克步枪。PTRS-41 反坦克步枪容易污堵，而且并不像 PTRD-41 反坦克步枪那样被广泛使用。

1942 年的苏联红军反坦克步枪小队由三个小组组成，他们装备着 PTRS-41 或 PTRD-41 反坦克步枪。一个反坦克排包括三个小队，总共九支反坦克步枪和 24 名士兵。

日本的 97 式反坦克步枪重量达到 59 千克，并且后坐力非常大。它的口径为 20 毫米，使用七发可拆卸弹匣，能够在 350 米的距离击穿 30 毫米厚的防御装甲。它很笨重、精确度不高，并且无法进行拆卸，所以不便于手动运输，需要九名士兵来操作。它的生产时间从 1938 年一直持续到 1941 年，地点是日本小仓兵工厂，总产量只有约 1100 支。

97 式反坦克步枪

原产国	日本
时间	1937 年
口径	20 毫米
重量	59 千克
全长	2060 毫米
装弹	导气式，七发可拆卸弹匣
射程	350 米，可击穿 30 毫米厚的装甲；700 米，可击穿 20 毫米厚的装甲

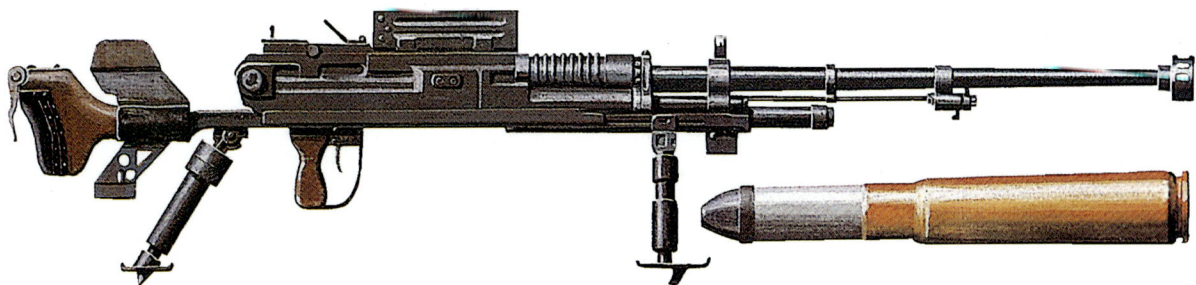

▲ 士兵正在练习使用比利时设计的 FN FAL 突击步枪，北约很多国家都装备这种武器。

第四章　现代步枪

第二次世界大战结束后，冷战的两极分化以及第三世界的兴起再一次让人们关注到单兵作战效率，大量的半自动步枪、自动步枪、突击步枪以及栓动狙击步枪开始出现，并改变战场的格局。

第二次世界大战结束后，以美国和苏联为首的两大集团分别组成军事同盟，并组建了北约和华约组织，两大军事阵营努力让自己的武器和弹药标准化。同时，从中美洲到东南亚，从东欧到非洲好望角，全世界民族解放运动的崛起也在不断引发冲突和内战。在这样的背景下，全世界的武器制造商都在不断推出新的产品。

新的、更致命的步枪不断涌现，它们不仅做工精细、技术含量高、性能高效，而且生产成本低，它们以数以百万计的数量被制造出来。AK-47 突击步枪也许是 20 世纪最具影响力的单兵作战武器，它无处不在，使它成为那个时代武器技术的象征。

菲西 M49 型 (MAS-49) 半自动步枪

原产国	法国
时间	1949 年
口径	7.5 毫米
重量	4.7 千克
全长	1100 毫米
装弹	导气式，10 发可拆卸弹匣
射程	400 米

战后的半自动步枪

现代步枪的演变在冷战时期有增无减，半自动步枪已经成为常见的单兵作战武器。半自动步枪也是一个过渡，各个国家都在研制新型的自动步枪。第二次世界大战期间美国士兵装备的加兰德 M1 引领了单兵半自动步枪的发展。

法国的菲西 M49 型（MAS-49）半自动步枪可以算是一种战后大批量出现的早期半自动步枪，它的设计者是法国军方设计部，由 MAS 公司生产。法国在现代步枪的发展上比较落后，并且还在 1940 年被德国占领，但是法国早期在半自动武器方面的研究也让法国推出了 MAS-38/39 半自动步枪，这种步枪后来继续发展成为 MAS-44 半自动步枪。

法国军队在 1944 年夏天开始装备 MAS-49 半自动步枪，法国军方将它定位为标准武器以取代老式的栓动步枪，当时栓动步枪已经在军队中服役了 60 年之久。MAS-49 半自动步枪采用导气式，发射产生的高温气体会直接进入与枪管并列放置的导气管中，推动枪机来循环射击动作。但原始的 MAS-49 半自动步枪的产量很少，只有大约 2.1 万支，而较短、较轻的 MAS-49/56 半自动步枪的产量却比较多，超过 27.5 万支。

MAS-49 半自动步枪在法国军队中一直服役到了 1979 年，直到被更先进的 FAMAS 突击步枪所取代。在苏伊士危机、阿尔及利亚独立战争和越南战争期间都能见到 MAS-49 半自动步枪的身影。此外，叙利亚军队也装备了大量 MAS-49 半自动步枪。

尽管比利时的 M1949 型步枪（也叫 FN-49 或 SAFN）做工精细且性能可靠，却面临着巨大竞争，随后比利时不得不向那些没有结盟的国家推销，而这些国家正在犹豫是倒向北约一边还是倒向华约一边。1948 年春，FN-49 从委内瑞拉获得了第一个合同。最初 FN-49 步枪使用 7.92 毫米毛瑟子弹，但是陆续收到来自其他国家的订单后，FN 公司也推出了 7.62 毫米 ×63 毫米斯普林菲尔德、7.62 毫米北约和 7.65 毫米阿根廷子弹的型号。

▲ 在中南半岛的奠边府战场上，一名法国士兵正扛着自己的 MAS-49 半自动步枪前进，那场战斗也终结了法国在东南亚的殖民统治。

FN M1949 型 半自动步枪

原产国	比利时
时间	1948 年
口径	7.62 毫米
重量	4.31 千克
全长	1116 毫米
装弹	导气式，10~20 发 可拆卸弹匣
射程	400 米

VZ.52 半自动步枪

原产国	捷克斯洛伐克
时间	1952 年
口径	7.62 毫米
重量	4.14 千克
全长	1005 毫米
装弹	导气式，10 发可 拆卸弹匣
射程	650 米

　　FN-49 半自动步枪采用导气式自动方式，半自由枪机闭锁方式，使用 10~20 发可拆卸弹匣。它参加过很多战斗，包括朝鲜战争、刚果动乱、苏伊士危机和马岛战争。最终，FN-49 半自动步枪的总产量超过了 17.5 万支。

　　第二次世界大战结束后，捷克斯洛伐克研制出了 VZ.52 半自动步枪，最初它使用 7.62 毫米 × 45 毫米子弹，但加入华约后转而使用苏联规格的 7.62 毫米子弹。VZ.52 半自动步枪是扬·奎托史威尔和雅罗斯拉夫·奎托史威尔两兄弟在 1947 年设计的，经过五年的完善后于 1952 年开始服役。到 1959 年随着更先进的 VZ.58 半自动步枪开始出现，VZ.52 半自动步枪的生产也就停止了。

　　不像大部分偏移闭锁机构，VZ.58 半自动步枪的枪机向前倾斜而不是常见的向后倾斜。扳机组件与美国加兰德 M1 步枪很相似，它使用 25 发可拆卸弹匣，射速可达 25 发 / 分钟。

　　尽管第二次世界大战期间瑞典军队并没有直接参战，但瑞典设计师埃里克·埃克隆德还是在 1941 年研制出了柳恩格曼 AG-42 导气式半自动步枪。AG-42 半自动步枪的口径为 6.5 毫米，使用 10 发可拆卸弹匣，它一直在瑞典军队中服役到 20 世纪 60 年代。到 20 世纪 50 年代中期，人们通过使用不锈钢枪管改进了枪管锈蚀的问题，此外还安装了改进的瞄准器。

　　到 20 世纪 50 年代，瑞典将 AG-42 半自动步枪的生产权出售给了埃及，埃及根据其设计和毛瑟 7.92 毫米子弹研制出了哈

基姆步枪。后来，苏联又研制了一种使用7.92毫米苏联子弹的
卡宾枪型号，并将它们命名为拉希德卡宾枪。

战后的自动步枪

　　比利时FN-49半自动步枪的后继者是有选择射击模式的FN
FAL突击步枪。FN FAL突击步枪由比利时的FN公司（现在是
欧洲大陆最大的武器出口商）制造，它是当时使用最广泛的步
枪之一。FN FAL突击步枪的设计者是迪厄多内·赛夫和欧内斯
特·维贝尔，其中迪厄多内还参与过FN-49半自动步枪的设计。
半个多世纪以来，FN FAL突击步枪也衍生出了众多其他型号。

　　大部分FN FAL突击步枪都使用7.62毫米北约子弹，它使
用20发或30发可拆卸弹匣或50发弹鼓。在全自动模式时，它
的射速可达700发/分钟，但会产生巨大的后坐力和枪口上抬趋
势。它的有效射程可达600米。FN FAL突击步枪在1988年正
式停产，在36年的生产周期中，它被广泛出口到超过90多个
国家，并且很多国家也获得了生产授权。冷战期间，很多北约
国家军队都使用FN FAL突击步枪。

柳恩格曼 AG-42 半自动步枪

原产国	瑞典
时间	1942年
口径	6.5毫米
重量	4.71千克
全长	1214毫米
装弹	导气式，10发可拆卸弹匣
射程	600米

FN FAL 突击步枪

原产国	比利时
时间	1954年
口径	7.62毫米
重量	4.3千克
全长	1090毫米
装弹	导气式，30发可拆卸弹匣
射程	600米

▲ 1983 年 10 月 25 日，在格林纳达岛的战争期间，东加勒比国防军的士兵正在撤退，当时他们装备的就是 FN FAL 突击步枪。

其实，早在 1946 年比利时就研制出 FN FAL 突击步枪的原型。英国军方对其评估后决定暂时装备改进后的型号。但是，后来由于国家间的政治分歧，这一决定被迫取消，此时北约大部分国家已经处于装备 FN FAL 突击步枪的过程中。

英联邦军队在 1954 年决定装备 FN FAL 突击步枪的衍生型号，即 L1A1 突击步枪。尽管 FN FAL 和 L1A1 的很多部件都可以互换，但两者之间还是存在一些区别，主要在枪托和弹匣方面。半自动的 L1A1 步枪后来又被全自动的 L2A1 步枪取代，后者的射速可达 700 发/分钟。英国军队中的 L1A1 步枪一直服役到 20 世纪 80 年代，直到被更先进的 L85A1 突击步枪取代。

　　FN FAL 突击步枪的其他衍生型号还包括奥地利的 StG 58 突击步枪和阿根廷在 1960 年获得授权生产的 FM FAL 突击步枪，"FM" 是阿根廷制造商 "Fabricaciones Militares" 的缩写。阿根廷既生产标准型，又生产一种带有折叠枪托的缩短版，在 1982 年马岛战争期间很多阿根廷部队就装备着这两种突击步枪。StG 58 突击步枪由奥地利获得授权制造，后来德国也向奥地利订购了很多，并将它们命名为 G1 突击步枪。

　　20 世纪 70 年代，FN 公司研制出了一种 5.56 毫米口径导气式回转枪机步枪，并将其命名为 FN FNC 突击步枪。最初的型号由于制造仓促出现很多性能问题，没有通过北约的测试，1989 年比利时军队才开始正式装备这种武器。FN FNC 突击步枪使用 30 发可拆卸弹匣，其射速可达 675 发/分钟。

M14 突击步枪

　　美国在 1955 年基于加兰德 M1 步枪研制出具有选择射击模式的 M14 突击步枪，经过五年的进一步开发和改进，M14 突击步枪正式开始在美国军队中服役。M14 突击步枪一直是美国军

FM FAL 突击步枪	
原产国	阿根廷
时间	1960 年
口径	7.62 毫米
重量	4.3 千克
全长	1090 毫米
装弹	导气式，30 发可拆卸弹匣
射程	600 米

FN FNC 突击步枪	
原产国	比利时
时间	1977 年
口径	5.56 毫米
重量	3.84 千克
全长	997 毫米
装弹	导气式，30 发可拆卸弹匣
射程	400 米

M14 突击步枪

原产国	美国
时间	1957 年
口径	7.62 毫米
重量	4.1 千克
全长	1126 毫米
装弹	导气式，20 发可拆卸弹匣
射程	460 米

▼ 一名美国士兵正在练习使用 M14 突击步枪。

队的标准武器，直到 1970 年被 M16 突击步枪取代。M14 突击步枪比加兰德 M1 步枪增加了自动射击模式，并且原来的八发弹条也换成了 20 发弹匣。M14 突击步枪的木制枪托装有一个肩靠，以便于使用者在卧姿使用。此外，早期的型号还配有一个木制的手枪握把。

M14 的原名是 T44，在 1957 年赢得竞争测试后美国决定开始量产。到 1964 年，温彻斯特、斯普林菲尔德和哈林顿 & 理查兹的兵工厂总共生产了超过 150 万支。M14E2，也就是后来的 M14A1，是全自动型号，可以极大地增强班组的火力支援能力。

20 世纪 50 年代，意大利军队使用的是美国造加兰德 M1 半自动步枪，当然他们也获得了自己制造 M1 步枪的许可。到 50 年代末，意大利发现为了跟上武器现代化发展的脚步，就需要一种具有选择射击模式的武器。因此在 1959 年，贝雷塔公司以

加兰德 M1 为基础研制出贝雷塔 BM59 突击步枪。贝雷塔 BM59 突击步枪使用 7.62 毫米北约子弹，使用 20 发开拆卸弹匣，它一直服役到 20 世纪 90 年代，直到被贝雷塔 AR70/90 系列突击步枪取代。

CETME 突击步枪

20 世纪 40 年代末，弗朗哥统治的西班牙组建了 CETME（Centro de Estudios Tecnicos de Materiales Especiales，特种材料技术研究中心）来为自己的军队研制小型武器。西班牙政府还雇佣了曾经为德国研制过半自动武器的设计师，最终在 1964 年研制出 CETME M58 突击步枪。M58 突击步枪使用 7.62 毫米北约子弹，使用 20 发或 30 发可拆卸弹匣，射速可达 600 发 / 分钟，其生产一直持续到 20 世纪 70 年代，期间出现了很多衍生型号。

德国和西班牙的武器存在着很多联系，这一点从德国在 1957 年获得了生产 CETME 突击步枪的授权就能看出来。德国的 H&K 公司根据 CETME 的设计研制出了 H&K G3 突击步枪，而本质上将 G3 突击步枪的起源可以追溯到第二次世界大战末期德国使用的半自动武器。具有讽刺意味的是，德国授权制造的 G3 突击步枪是由西班牙雇佣的德国人设计的。

H&K G3 突击步枪使用 7.62 毫米北约子弹，使用 20 发可拆

贝雷塔 BM59 突击步枪

原产国	意大利
时间	1959 年
口径	7.62 毫米
重量	4.4 千克
全长	1095 毫米
装弹	导气式，20 发可拆卸弹匣
射程	460 米

H&K G3 突击步枪

原产国	德国
时间	1959 年
口径	7.62 毫米
重量	4.1 千克
全长	1025 毫米
装弹	导气式，20 发可拆卸弹匣或 50 发弹鼓
射程	500 米

卸弹匣或 50 发弹鼓，射速可达 600 发/分钟。其衍生型号包括固定枪托 G3A3 型和缩短木制枪托的 G3A4 型。从 1958—1997 年，德国共制造了数百万支 G3 突击步枪。G3 突击步枪对以后突击步枪的发展产生了深远的影响，从 20 世纪 60 年代开始出现的各种口径的突击步枪，很多就是以它为设计基础。

▼ 诞生超过半个多世纪后，AK-47 突击步枪及其衍生型号仍然是世界各地的军事组织和游击战士最常用的武器。

冷战期间的突击步枪

　　AK-47 突击步枪可以算是世界上最著名的轻武器，它的设计者是苏联设计师米哈伊尔·卡拉什尼科夫，从 1949 年开始生产以来，AK-47 突击步枪以及衍生型号的总产量超过了 7500 万支。AK-47 突击步枪的口径为 7.62 毫米，苏联红军和华约中的东欧国家军队，以及苏联在第三世界的附属国都大量装备了这种武器。70 年来，AK-47 突击步枪已经达到了影响地缘政治的高度，大量游击战士、抵抗分子和恐怖分子都在使用它。

　　AK-47 突击步枪的特点是结构简单、耐用，并且操作简单，它能胜任多种用途。它的射速可达 600 发/分钟，使用 30 发弧状可拆卸弹匣，可以让使用者装弹更平顺。此外，使用者还可以选择安装一个 100 发弹鼓。

　　在第二次世界大战的东线战场，苏联红军被德国先进的自动步枪（例如 StG 44 自动步枪，它也是世界上第一种被大量使用的真正意义上的自动步枪）全面压制。为此，苏联开始研制一种低成本具有选择射击模式的自动步枪，其结果就是 AK-47 突击步枪的前身 AK-46 突击步枪。AK-47 突击步枪融合了其他武器的最佳属性，包括勃朗宁射击的雷明顿 8 步枪的保险机制、加兰德 M1 步枪的闭锁机制及 StG 44 步枪的导气循环系统。在生产的早期阶段，为了加快生产速度，机械加工机匣还被替换为冲压机匣。

　　随着时间的推移，又陆续出现了很多种 AK-47 突击步枪的衍生型号。其中包括使用铣削机匣的 1951 版和 1954 版，以

AK-47 突击步枪	
原产国	苏联
时间	1947 年
口径	7.62 毫米
重量	3.47 千克
全长	880 毫米
装弹	导气式，30 发可拆卸弹匣或 100 发弹鼓
射程	400 米

AKM 突击步枪

原产国	苏联
时间	1959 年
口径	7.62 毫米
重量	3.1 千克
全长	880 毫米
装弹	导气式，30 发可拆卸弹匣或 75 发弹鼓
射程	400 米

AK-74 突击步枪

原产国	苏联
时间	1974 年
口径	5.45 毫米
重量	3.3 千克
全长	943 毫米
装弹	导气式，35 发可拆卸弹匣
射程	625 米

及安装向下折叠金属枪托的 AKS 突击步枪。总之，在历史上 AK-47 突击步枪的衍生型号比其他类型的步枪要多得多。

AK 突击步枪的衍生型号和改进型号

AK-47 突击步枪最出名的衍生型号是 1959 年开始服役的 AKM 突击步枪。AKM 突击步枪使用了流畅的冲压机匣，此外枪管和闭锁也有变化，枪栓载体重新成型并且更轻便。为了减轻重量，木制枪托内部都被掏空，最初 AKM 突击步枪的重量仅为 3.1 千克，因此携带起来很方便。AKM 突击步枪是产量最高的一种 AK 衍生型号，全世界都能看到它的身影。

20 世纪 70 年代初，米哈伊尔·卡拉什尼科夫对 AK-47 和 AKM 突击步枪进一步发展，研制出一种新型突击步枪，即 AK-74 突击步枪。由于性能出色，AK-74 突击步枪被认为是逐渐壮大的突击步枪家族中重要的一员，因此苏联决定用它来取代老式的型号。AK-74 突击步枪的生产始于 1974 年，它被广泛装备到苏联部队以及其他国家和组织的军队。截至今天，AK-74 突击步枪的产量已经超过 500 多万支。

◀ 一名正在站岗放哨的士兵，他的脖子上挂着一把 AK-74 突击步枪。从 20 世纪 70 年代至今，AK-74 突击步枪的产量超过 500 万支。

尽管 AK-74 和其前代 AK-47 突击步枪在外观上很相似，但是它确实有明显的进步。AK-74 的口径从原来的 7.62 毫米变成了 5.45 毫米，新的镀铬内衬枪管寿命更长。此外，瞄准基准距离和闭锁也有改善。最初枪托和护手都是木制的，后来换成了合成木材，最后变成硬质深色聚合物。AK-74 的保险开关位于枪托处，护手底部的一个弹簧能抵消步枪的左右移动，让射击更稳定。此外，枪管和弯曲弹匣也有一些细微的改动。

AK-74 突击步枪参加的第一场战斗是 1979 年的阿富汗战争，直到今天，一些国家仍然在使用这种武器。现在，位于西乌拉尔的伊热夫斯克仍然在生产各种型号的 AK-74 突击步枪。AKS-74 是专门为空勤突击队定制的一种突击步枪，它带有一个从单根金属柱冲压出来的金属侧折叠枪托；AKSU 则是一种全自动的卡宾枪型号。RPK-74 轻机枪和 RPKS-74 空勤轻机枪（带有 AKS-74 一样的折叠枪托）也与 20 世纪 50 年代末出现的 RPK 和 RPKS 密切相关。

冷战期间很多国家突击步枪都借鉴了 AK-47 的设计配置，这些国家中就包括以色列。在 1967 年的"六日"战争中，以色列军队在战斗中缴获了大量 AK-47 突击步枪，他们便以此为基础研制了一种突击步枪——加利尔突击步枪。加利尔突击步枪采用导气式自动方式回转闭锁，口径为 5.56 毫米，最高射速为 750 发/分钟。它于 1972 年开始服役，并一直活跃至今。

1980 年，南非武器制造商立顿公司从以色列获得了加利尔突击步枪的生产许可，并开始生产维克多 R4 突击步枪。维克

加利尔突击步枪

原产国	以色列
时间	1972 年
口径	5.56 毫米
重量	3.75 千克
全长	850 毫米
装弹	导气式，65 发可拆卸弹匣
射程	500 米

多 R4 突击步枪的一个显著特点是枪托和弹匣由高强度的聚合材料制成。最终，R4 及其衍生型号的产量达到 42 万支。20 世纪 80 年代末开始服役的阿根廷 FARA83 突击步枪也深受加利尔突击步枪的影响，它装有一个能在低照度下使用的氚瞄准器和一个折叠枪托，并且使用与贝雷塔 AR70 突击步枪相同的弹匣。FARA83 突击步枪的总产量只有 1200 支。

芬兰的 RK-62 以及随后的瓦尔梅特 76 突击步枪都受到 AK-47 突击步枪的影响。瓦尔梅特 76 突击步枪的生产始于 1986 年，生产周期超过十年，它使用了冲压机匣，而不是 RK-62 上的铣制机匣。

中国的 56 式突击步枪本质上就是中国版的 AK-47 步枪，从 1956 年开始，它的总产量达到 1500 万支。早期的型号都使用铣制机匣，后来都换成了冲压机匣。此外，孟加拉国也获得制造授权。冷战期间，东南亚各国以及巴尔干和中亚的国家都广泛使用 56 式突击步枪。

56 式突击步枪	
原产国	中国
时间	1956 年
口径	7.62 毫米
重量	4.03 千克
全长	874 毫米
装弹	导气式，30 发可拆卸弹匣
射程	400 米

VZ.58 突击步枪

冷战期间 AK-47 影响了很多国家突击步枪的设计，但突击步枪并不是苏联的专属。VZ.58 突击步枪就是捷克斯洛伐克独立研制的，有时它也被错误地标记为 CZ.58，捷克斯洛伐克旨在用它替换早期的 VZ.52 和苏制半自动步枪。

尽管 VZ.58 突击步枪在外观上与 AK-47 很相似，但它们的内部运作完全不同。例如，短行程导气活塞就与 AK-47 上的完

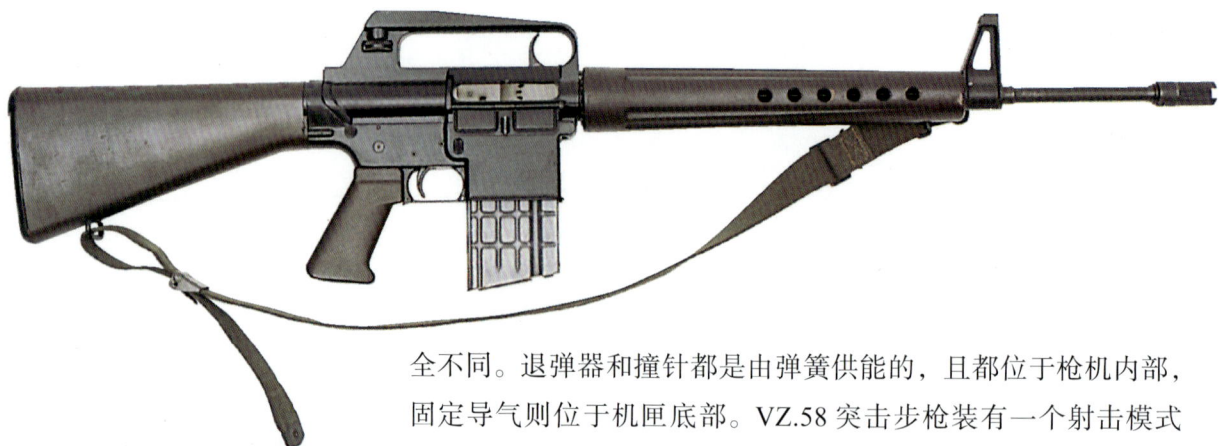

AR-10 突击步枪

原产国	美国
时间	1956 年
口径	7.62 毫米
重量	4.05 千克
全长	1050 毫米
装弹	导气式，20 发可拆卸弹匣
射程	600 米

全不同。退弹器和撞针都是由弹簧供能的，且都位于枪机内部，固定导气则位于机匣底部。VZ.58 突击步枪装有一个射击模式选择器，它的口径为 7.62 毫米，最高射速为 600 发/分钟。从 20 世纪 50 年代到 1984 年，它的总产量超过 90 万支。

美国半导体公司的阿玛莱特分公司在 1956 年开始生产 7.62 毫米口径导气式 AR-10 突击步枪。AR-10 突击步枪的设计者是尤金·斯托纳，它的特点是装有一个直枪管，枪托和部件采用了酚醛树脂和锻造合金，这能大大减轻重量。AR-10 突击步枪使用 20 发可拆卸弹匣，射速可达 700 发/分钟。1957 年，阿玛莱特公司将它的口径改成 5.56 毫米，将其重新命名为 AR-15。阿玛莱特公司授权柯尔特公司来生产 AR-10 和 AR-15 突击步枪，后来美国军队开始装备后者，并将其命名为 M16 突击步枪。

M16 突击步枪

M16 突击步枪是阿玛莱特 AR-15 的军用型号，它是越南战争中美国士兵的主要装备。它最明显的外观特点是顶部提手和枪口的三角形准星。由于采用了非常先进的铝合金和聚合材料结构，M16 突击步枪非常轻便。M16 突击步枪使用 5.56 毫米口径北约子弹，由 20 发或 30 发弹匣或 100 发弹鼓，其射速可达 950 发/分钟。

M16 突击步枪的原型由斯托纳和詹姆斯·苏里文在 20 世纪 50 年代中期设计。1963 年，经过位于东南亚的美国工程师进一步研制，最终的量产型号被命名为 M16。随着时间的推移，出现越来越多的衍生型号，全世界很多军队都开始装备。截至今天，M16 突击步枪的产量超过 800 万支。

　　尽管有报告称最初的 M16 突击步枪在越南战争中容易卡壳，但在实际使用中其寿命和整体性能非常出色。此外，有些使用者也不适应它的整体尺寸，关于这一点的讨论也一直在持续。在沙漠行动中，即使在高浓度沙尘下，它也有显著的耐久性。

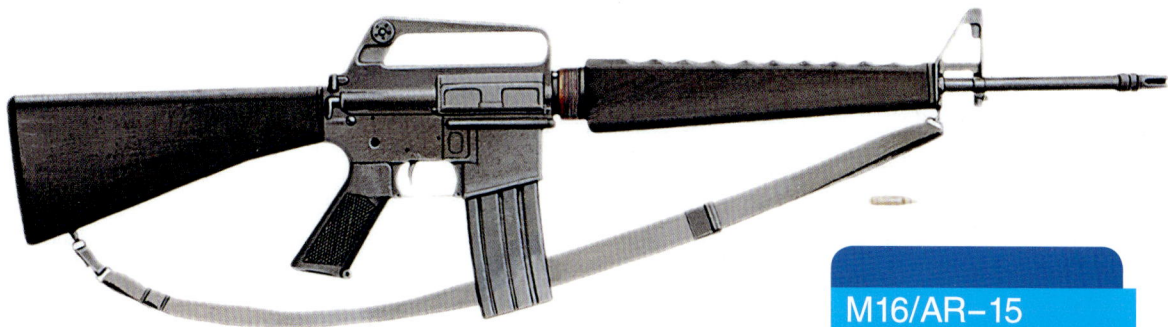

M16/AR-15 突击步枪	
原产国	美国
时间	1962 年
口径	5.56 毫米
重量	3.26 千克
全长	1000 毫米
装弹	导气式，20 发或 30 发可拆卸弹匣或 100 发弹鼓
射程	550 米

▲ 一名美国士兵正在用 M16 突击步枪射击。M16 突击步枪是阿玛莱特 AR-15 的军用型号，美国军队 20 世纪 60 年代初开始装备这种武器。

65 式突击步枪

原产国	中国
时间	1976 年
口径	5.56 毫米
重量	3.31 千克
全长	990 毫米
装弹	导气式，30 发可拆卸弹匣
射程	500 米

AR70 突击步枪

原产国	意大利
时间	1972 年
口径	5.56 毫米
重量	3.99 千克
全长	998 毫米
装弹	导气式，30 发可拆卸弹匣或 100 发弹鼓
射程	500 米

M16 突击步枪有很多衍生型号：1983 年问世的 M16A2 具有三连发射击模式；美国海豹突击队装备的则是 M16A3；M16A4 拥有一个皮卡汀尼导轨，可以安装光学瞄准器；此外，它还有一个可拆卸握把；M16A1 则是一种拥有重型枪管的狙击步枪。

当时美国选择了柯尔特公司生产的 5.56 毫米口径的 M16 突击步枪，于是阿玛莱特在 1963 年研制了 5.56 毫米口径的 AR-18 突击步枪，希望与 M16 突击步枪竞争。尽管这种步枪从未被任何国家正式采用，但它确实对后来的步枪设计产生了深远的影响。它的独特之处是冲压钢结构和导气活塞，冲压钢结构能有效降低成本；导气活塞抗污垢和残渣的能力更强（先前的 AR-10 和 AR-15 容易受残渣影响）。

AR-18 突击步枪有很多仿制型号，其中就包括中国的 65 式突击步枪。另一种仿制型号是新加坡的 SAR80 突击步枪，它是美国人弗兰克·沃特斯设计的，目的是取代 20 世纪 60 年代采购的 AR-15 突击步枪。跟进 SAR80 的步伐出现的是 SR88 突击步枪。两种武器的口径都是 5.56 毫米，但 SR88 和随后的 SR88A 更多地采用了高科技材料。

意大利贝雷塔公司在 20 世纪 70 年代初研制了 AR70 突击步枪，目的是取代老式的 BM59 突击步枪，它也有一个类似

M16 的提手。到 20 世纪 80 年代，AR70/90 已经成为意大利军队的标准武器。AR70/90 突击步枪使用 5.56 毫米北约子弹，由 30 发弹匣或 100 发弹鼓供弹，其射速可达 650 发/分钟。空降部队装备的 AR90 还拥有一个可拆卸枪托。

瑞典在 20 世纪 50 年代末研制了 SIG SG510 突击步枪，这种口径为 7.5 毫米并具有选择射击模式的突击步枪一直服役到 20 世纪 90 年代。但是早在 20 世纪 70 年代，瑞典就研制出了其替代品 SG540，SG540 的重量为 3.52 千克，比 SG510 更轻便，其生产从 1977 年开始生产，一直持续到 2012 年。SG540 的衍生型号包括 SG542 和 SG543 卡宾枪，其中 SG542 可以使用 5.56 毫米或 7.62 毫米北约子弹。

斯太尔 - 曼立夏 AUG 突击步枪	
原产国	奥地利
时间	1978 年
口径	5.56 毫米
重量	3.6 千克
全长	790 毫米
装弹	导气式，30 发或 42 发可拆卸弹匣
射程	300 米

无枪托步枪

尽管无枪托武器设计可以追溯到 20 世纪初，但后来逐渐被人们遗忘，冷战爆发后这个概念再次获得新生。在无枪托结构中，发射机制后移到扳机组件后部紧靠使用者面部，这样枪托就可以完全取消。因此在枪管长度不变的情况下，重量会显著减轻，进而更容易操作和携带。

冷战时期第一种成功的无枪托步枪是奥地利的斯太尔-曼立夏 AUG 突击步枪。AUG 突击步枪于 1978 年问世后，很快就成为奥地利和澳大利亚军队的标准武器，它有很多特点，包括模块化设计、光学瞄准器、双垂直握把和聚合物外壳。AUG 突击步枪使用 5.56 毫米北约子弹，它还有一种使用 9 毫米帕拉贝鲁

▶ 正在列队的法国士兵，他们身上挂着 FAMAS 突击步枪。FAMAS 突击步枪是法国多年无枪托设计研究的成果。

恩菲尔德 EM-2 突击步枪

原产国	英国
时间	1951 年
口径	7 毫米
重量	3.49 千克
全长	889 毫米
装弹	导气式，20 发可拆卸弹匣
射程	700 米

姆子弹的冲锋枪型号——斯太尔 AUG Para，它们都可以使用 30 发或 42 发可拆卸弹匣。

早在 20 世纪 40 年代，法国就开始研制无枪托步枪，但后来研制计划中止，后来到 1981 年法国研制出了 FAMAS 无枪托突击步枪，并且很快它就成为法国军队的标准武器。FAMAS 突击步枪的口径为 5.56 毫米，使用 25 发或 30 发可拆卸弹匣。FAMAS 突击步枪的生产从 1975 年一直持续到 2000 年，总产量超过 40 万支。1992 年，法国又研制出了升级后的 G2 突击步枪，它在几个方面都达到了北约提出的标准。G2 突击步枪的性能非常出色，射速可达 1100 发 / 分钟。

英国的 9 号 MK I 也叫作 EM-2 或詹森步枪，是 20 世纪 40 年代由斯蒂芬·詹森设计的，并于 1951 年开始在英国和加拿大军队中服役。詹森步枪最初的口径为 7 毫米，后来转为使用 7.62

毫米北约子弹。但是由于无法适应口径更大的子弹，因此很快就被淘汰。

SA80 突击步枪是英国研制的无枪托步枪的代表，其最初的生产由位于恩菲尔德的皇家轻武器兵工厂和后来的英国宇航系统公司负责。SA80 系列的第一种是 5.56 毫米口径，具有选择射击模式的导气式枪机回转闭锁 L85A1，随后还出现了 L86A1，两种武器的生产从 1985 年一直持续到 1994 年，总产量为 35 万支。其中改进的 L85A2 直到今天仍然是英国军队的标准装备。L85A1 还有三种卡宾枪型号，它们被命名为 L22 系列，主要装备给坦克乘员和海军，但是卡宾枪的短枪管会影响到武器的精度和威力。

20 世纪 80 年代，中国推出了 86 式无枪托步枪。86 式本质上可以算是 AKM 的升级版，它具有改进后的选择发射模式开关、扳机组件和垂直折叠握把。86 式的口径为 7.62 毫米，使用 30 发可拆卸弹匣，射速可达 600 发/分钟，它的产量只有大约 2000 支。

L85A1（SA80）突击步枪

原产国	英国
时间	1985 年
口径	5.56 毫米
重量	3.82 千克
全长	785 毫米
装弹	导气式，20 发可拆卸弹匣
射程	400 米

H&K33 系列

黑克勒 & 科赫（H&K）G3 自动步枪取得了巨大商业成功后，这家德国公司决定充分利用在 G3 上比较成熟的技术研制突击步枪，H&K33 系列就是最终的成果。为了赢得海外市场，公司让 H&K33 系列可以使用当时最常见的几种子弹，包括 5.56 毫米和 7.62 毫米北约子弹、7.62 毫米苏联子弹、7.92 毫米和 9 毫米帕拉贝鲁姆子弹。

H&K33 系列的显著特点是滚轮式闭锁机构、一个常规锤式、

H&K33 突击步枪

原产国	德国
时间	1968 年
口径	5.56 毫米
重量	3.65 千克
全长	920 毫米
装弹	半自由枪机式，40 发可拆卸弹匣
射程	400 米

击发机构、旋转鼓状孔型后瞄准器、有罩盖前瞄准器和一个可调节保险。它能使用 25 发、30 发或 40 发子弹，最初的型号于 1968 年开始生产，后来出现很多衍生型号，有些型号直到今天仍然在生产。H&K33 系列家族很庞大，H&K33A2 装有一个聚合材料枪托；H&K33A3 装有一个可伸缩金属枪托；H&K33 SG1 装有一个望远镜瞄准器；H&K13 轻机枪则可以快速换成重型枪管，搭配 100 发弹鼓变成一种重武器；H&K C93 则属于民用版本，由世纪武器公司生产。

1984 年德国又研制了 H&K G41，由于更符合北约标准，因此德国将它作为 H&K33 系列潜在的替代品。G41 现在由路易吉弗兰基公司获得授权制造。

冷战时期的冲锋枪

第二次世界大战结束后，捷克主要有四种冲锋枪，它们都是在 20 世纪 40 年代末设计的，其中最著名的是 CZ.25 型冲锋枪。CZ.25 型冲锋枪是 SA 系列武器中的一种，它装有一个改进的扳机组件，使其可以实现从半自动到全自动射击的过渡。CZ.25 型冲锋枪使用 7.62 毫米苏联子弹，射速可达 650 发/分钟。SA23 VZ.48a 是第一种衍生型号，它使用 9 毫米帕拉贝鲁姆子弹。SA 系列也是第一种装有伸缩枪栓的武器。

1959 年，捷克工程师米罗斯拉夫·里巴尔开始为捷克特种部队和安全部队设计一种紧凑型的冲锋枪——CZ VZ.61。有趣的是，这种 7.65 毫米口径冲锋枪出人意料地又被捷克军队采用，并装备给低军衔军官和载具乘员。VZ.61 后来又衍生出了 VZ.65 和

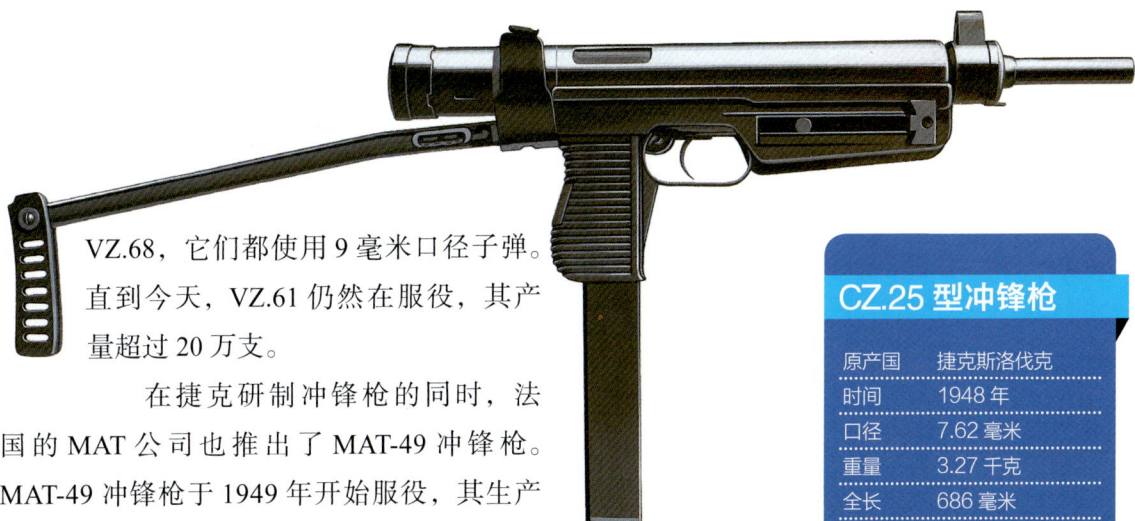

VZ.68，它们都使用 9 毫米口径子弹。直到今天，VZ.61 仍然在服役，其产量超过 20 万支。

在捷克研制冲锋枪的同时，法国的 MAT 公司也推出了 MAT-49 冲锋枪。MAT-49 冲锋枪于 1949 年开始服役，其生产一直持续了 30 年。

MAT-49 冲锋枪的特点是装有一个短的可伸缩金属枪托，并可以发射 7.62 毫米北约子弹或 9 毫米帕拉贝鲁姆子弹。弹匣容量为 40 发，后来它被 FAMAS 突击步枪取代。

在同一时期，西班牙的奥维耶多兵工厂获得了芬兰 44 型 9 毫米口径冲锋枪的生产许可，便开始生产 DUX-53 和 DUX-59 冲锋枪，使用这种武器的主要是联邦德国的安全部队。具有讽刺意味的是，44 型冲锋枪是从第二次世界大战时期苏联的 PPS-43 冲锋枪发展来的。

阿根廷在 20 世纪 70 年代研制出了 FMK-3 冲锋枪，并在用它们参加了 1982 年的马岛战争。FMK-3 冲锋枪的显著特点是中置弹匣、自由枪机和 9 毫米帕拉贝鲁姆子弹。FMK-3 冲锋枪的弹匣最多能容纳 40 发子弹，它的生产时间很短，只有一年（1974 年），总产量为 3 万支。

1963 年，澳大利亚的轻武器兵工厂开始生产 F1 冲锋枪以取代第二次世界大战时期老旧的欧文冲锋枪、F88 冲锋枪和澳大利

CZ.25 型冲锋枪

原产国	捷克斯洛伐克
时间	1948 年
口径	7.62 毫米
重量	3.27 千克
全长	686 毫米
装弹	自由枪机式，32 发可拆卸弹匣
射程	200 米

FMK-3 冲锋枪

原产国	阿根廷
时间	1974 年
口径	9 毫米
重量	3.4 千克
全长	693 毫米
装弹	自由枪机式，40 发可拆卸弹匣
射程	100 米

亚获得授权生产的斯太尔 AUG 冲锋枪。F1 冲锋枪使用 9 毫米帕拉贝鲁姆子弹，射速可达 640 发 / 分钟。其容量为 34 发的弹匣可以与第二次世界大战时期的英国斯特林冲锋枪（帕切特冲锋枪）相兼容。F1 冲锋枪的生产时间很短暂，只是在 1963 年夏天，总产量不超过 2.5 万支。

▶ 以色列士兵正在练习使用 UZI 冲锋枪。著名的 UZI 冲锋枪随着以色列在 1948 年建国应运而生。

UZI 冲锋枪

原产国	以色列
时间	1948 年
口径	9 毫米
重量	3.5 千克
全长	640 毫米
装弹	自由枪机式，20 发、25 发或 40 发可拆卸弹匣
射程	200 米

尤塞尔·加尔冲锋枪（UZI 冲锋枪）

具有传奇色彩的以色列 UZI 冲锋枪诞生于 1948 年，这一年也是以色列建国的时间。当时以色列国防专业的工程师尤塞尔·加尔设计了一种 9 毫米口径冲锋枪。原型枪在 1950 年完成，1954 年以色列特种部队开始装备第一支 UZI 冲锋枪。

UZI 冲锋枪的运转系统类似于捷克的 SA23 系列，但它使用了廉价的钢板冲压部件。它的伸缩枪栓可以让条状弹匣通过握把安装，这样能有效缩短长度，更适于近距离作战。UZI 冲锋枪的枪管长度只有 254 毫米，射速可达 600 发/分钟。

自问世以来，90 多个国家已经装备了 UZI 冲锋枪，除了以色列国家军事工业公司外，法国的 FN 公司也获得了生产授权。没有枪托时，UZI 的长度只有 445 毫米，算上伸展枪托长度也只有 635 毫米。如此短小的尺寸，重量只有 3.5 千克，让 UZI 成为非常理想的个人防御武器。它的设计也启发了其他几种武器的设计，其中大部分都被称作机关手枪。1980 年，以色列还推出了一种迷你 UZI，它的枪管长度只有 19 毫米。

受 UZI 冲锋枪的设计启发，随后又出现了很多冲锋手枪，包括 20 世纪 60 年代的斯太尔 MPI69 和三种西班牙冲锋手枪（分别是 20 世纪 60 年代的斯塔尔 Z62；70 年代的 Z70B 和 80 年代的 Z-84）。斯太尔 MPI69 的特点是装有类似 UZI 的伸缩枪栓，并使用条状弹匣通过握把装弹。

另一种受 UZI 影响的冲锋手枪是美国工程师戈登·英格拉姆在 1964 年设计的 Mac-10 冲锋手枪，它的生产由美国军用装

H&K MP5 冲锋枪	
原产国	德国
时间	1966 年
口径	9 毫米
重量	2.5 千克
全长	680 毫米
装弹	半自由枪机式，40 发可拆卸弹匣
射程	200 米

LF57 冲锋枪

原产国	意大利
时间	1956 年
口径	9 毫米
重量	3.17 千克
全长	686 毫米
装弹	自由枪机式，40 发可拆卸弹匣
射程	25 米

备公司实施，生产时间是 1970—1973 年。Mac-10 冲锋手枪的最显著特点是双极消声器，它的口径为 11.4 毫米，最高射速为 1145 发/分钟，直到今天仍然在美国军队中服役。南非在 1984 年推出了 BXP 冲锋手枪，它的口径为 9 毫米，最高射速为 1100 发/分钟，而且在外观上与 Mac-10 很相似。

20 世纪 60 年代中期，德国 H&K 公司凭借 MP5 冲锋枪进入冲锋枪市场，最初的型号口径为 9 毫米，后来又出现了 100 多种其他口径的变体。40 多个国家的安全和军事部门都装备了 MP5 冲锋枪，这也让它成为世界上使用最广泛的冲锋枪之一。MP5 冲锋枪有很多衍生型号：MP5A2 装有一个固定枪托和三色发射模式调整开关；MP5A3 装有一个伸缩枪托；MP5K 和 MP5SD 则集成有消声器。它们在 20 世纪中期都很流行。

意大利的 LF57 冲锋枪也是当时著名的 9 毫米口径个人防御武器，它由路易吉·弗兰基在 20 世纪 50 年代设计，弹匣容量为 25 发或 40 发，射速可达 500 发/分钟。其他著名的冲锋枪还包括：20 世纪 80 年代问世的意大利 9 毫米口径幽灵冲锋枪，它使用箱状弹匣，射速可达 850 发/分钟；20 世纪 80 年代初问世的相对比较稀少的芬兰 9 毫米口径 Jatimatic 冲锋枪；H&K 公司的 H&K 53KL 冲锋枪和紧凑型的 H&K 33K 卡宾枪；以及

1983—1985 年间生产的瓦尔特 9 毫米口径 MPK 和 MPL 冲锋枪。

栓动和半自动狙击步枪

尽管第二次世界大战结束后自动武器主导了市场，但栓动武器并没有消失，尤其是用作狙击步枪时。直到今天，很多人仍然喜欢使用栓动狙击步枪。美国的斯普林菲尔德 M1903A4 和英国的 L42A1 都是非常著名的狙击步枪，L42A1 狙击步枪从 1970 年一直服役到 1990 年，随后被更精准的 L96 狙击步枪取

FR F1 狙击步枪

原产国	法国
时间	1966 年
口径	7.62 毫米
重量	5.3 千克
全长	1200 毫米
装弹	栓动，10 发可拆卸弹匣
射程	800 米

▲ 德拉古诺夫狙击步枪的射程很远，是一种非常出色的团队支援武器。

代。L42A1 是第二次世界大战期间李-恩菲尔德 MKI No.4 步枪的升级版，为满足北约的要求，口径从 7.7 毫米变成了 7.62 毫米，它的最远射程可达 730 米。此外，在 20 世纪 70 年代初期还出现了一种警用型号，即恩菲尔德执行官狙击步枪。

20 世纪末很多狙击步枪凭借高精准性和稳定性赢得了很高的声誉，包括法国的 FR F1、毛瑟 SP66、贝雷塔 501、斯太尔 SSG 69、FN 30-11、帕克·黑尔 85 型、SIG SSG-2000 和 M40A1。

FR F1 狙击步枪由法国的 MAS GIAT 公司制造，它的服役时间为 1966—1980 年。它装有一个稳定两脚架，最初的口径为 7.5 毫米，后来变成北约要求的 7.62 毫米。M40A1 狙击步枪衍生自雷明顿 M700 型步枪，它使用 7.62 毫米北约子弹，美国海军陆战队装备了很多。毛瑟 SP66 衍生自 20 世纪 70 年代中期的毛瑟 M66 型运动步枪，它的口径为 7.62 毫米，使用三发内置弹仓，此外它还装有一个高倍瞄准器。

半自动狙击步枪不需要进行拉栓动作，能让使用者一直瞄准目标，可实现快速连续射击。德拉古诺夫、加利尔、PSG1 和 MSG90 都是世界上最好的狙击步枪。PSG1 是德国 H&K 公司制造的，它衍生自 20 世纪 60 年代的 G3 自动步枪。据说，PSG1 狙击步枪是在 1972 年德国慕尼黑奥运会人质事件发生后，专门为警察部门研制。MSG90 狙击步枪则是 PSG1 的军用型号。

德拉古诺夫狙击步枪的口径为 7.62 毫米，它于 1963 年开始服役，由于当时苏联的冲锋枪射程比不上西方国家，因此它的远距离射击能力可以很好地抵消这一缺点。加利尔狙击步枪由以色列研制，它的口径为 7.62 毫米，使用一个 25 发弹匣，除了装有重型枪管外，它还装有一个可以用火焰抑制器和枪口制

AN-94 突击步枪

原产国	俄国
时间	1997 年
口径	5.45 毫米
重量	3.85 千克
全长	943 毫米
装弹	导气式，45 发可拆卸弹匣
射程	700 米

退器的枪口装置。

战场需求的变化和经济可行性的持续探究对步枪的发展产生了很大的影响,全世界的制造商展开激烈的竞争,不断推出新的设计。很多军用设计的武器都演变成民用武器,反过来也是如此,很多出色的民用步枪也被改装后装备到军队中。

传统的突击步枪、紧凑的无枪托步枪和大口径突击步枪完全能够满足不同客户的需求。苏联曾设想将 AN-94 突击步枪作为 AK-74 系列的潜在替代者,尽管具有双连发和后坐力小的优点,但由于结构复杂、制造成本高而被淘汰。相反,经典的卡拉什尼科夫的 AK 系列则凭借 AK-103 继续延续,AK-103 的生产始于 20 世纪 90 年代中期,到今天总产量超过 20 万支。其他传统的突击步枪还包括 H&K 公司的 G36 突击步枪(衍生自经典的 G3);印度军队装备的 5.56 毫米口径的 INSAS 突击步枪;以及墨西哥研制的 FX-05 突击步枪。

不断变化的要求也导致了新一代突击步枪的出现,它们为 21 世纪武器的发展开辟了新道路。这种新型突击步枪包括 20 世纪 80 年代问世的韩国 K1 系列、德国的 H&K G11、瑞士的 SIG

▼ 美国第三步兵师的一名士兵正在练习使用 H&K G36 突击步枪。G36 突击步枪由德国研制,现在全世界很多国家都在使用。

SG550 和中国的 QBZ-03。

　　与此同时，无枪托步枪凭借重量轻和体积小的优点也在不断发展。20 世纪 70 年代，巴西的 LAPA FA03 型曾进行过短暂的生产；比利时的 FN F2000 也在 20 世纪 90 年代装备到北约部队中；中国也将 QBZ-95 纳入生产计划中；新加坡的 SAR 21 经过四年的设计工作后于 1999 年开始服役；以色列军队开始装备新型的 TAR 21 型；伊朗军队现在已经装备了卡耶巴 KH2002。

　　此外，很多公司还研制了一些创新的多 / 大口径突击步枪，包括 20 世纪 90 年代初问世的 H&K XM29 OICW、基于 AR 系列的 SIG Sauer 716、XM25 和 FN SCAR。

狙击步枪的进化

　　狙击步枪也在不断进化和发展。20 世纪 60 年代联邦德国的 H&K 公司和西班牙的 CETME 公司合作，共同研制了具有选择射击模式的 G3 步枪。随后又出现了很多 G3 步枪的衍生型号，其中有一种 G3SG1 狙击步枪。G3SG1 狙击步枪的口径为 7.62 毫米，与 G3 相比，它装有卡尔蔡司智能光学瞄准器、扩展枪托和专用扳机组件等狙击步枪专用配件。

　　20 世纪 70 年代，瑞士为自己的安全部队研制了 5.56 毫米口径 SG550 突击步枪，1990 年 SG550 突击步枪的狙击步枪型号也开始在瑞士军队中服役，这种狙击步枪包括二道火扳机、带有可调颊片的折叠枪托、人体工程师手枪握把和用于稳定的两脚架。虽然它已经停产，但仍然一直在军队中服役。1990 年，美国工程师尤金·斯通纳研制出了 SR-25 狙击步枪，他在这种

H&K G3SG1 狙击步枪

原产国	德国（马来西亚版）
时间	1959 年
口径	7.62 毫米
重量	4.1 千克
全长	1025 毫米
装弹	导气式，20 发可拆卸弹匣
射程	500 米

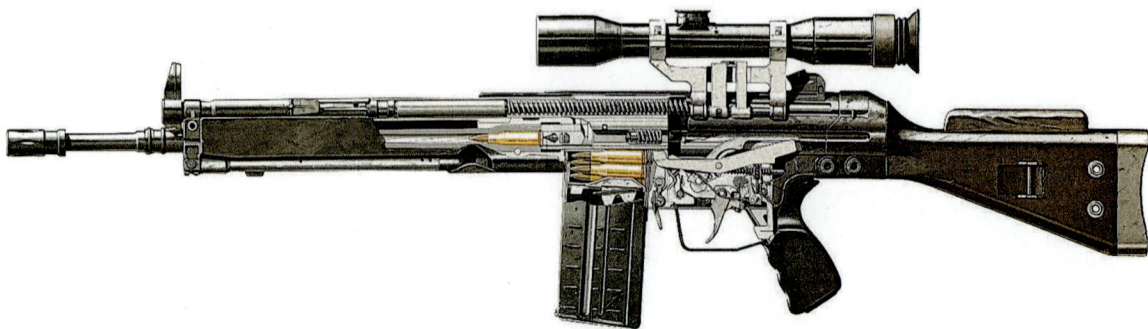

步枪上将标志性的 AR-10 与 AR-15 的直接导气系统融合在一起。2000 年美国特种作战司令部对狙击步枪进行评估，SR-25 狙击步枪凭借比栓动步枪更短的响应时间和 10/20 发高弹匣容量，最终被选中。

M39 狙击步枪于 2008 年开始在美国海军陆战队中服役，它本质上是 M14 突击步枪的改装型号。M39 狙击步枪装有手枪握把、用于稳定的两脚架和可调节枪托，当班这一级别的小队没有配备狙击手时，就会由一名指定的士兵（神枪手）使用这种步枪。2010 年在阿富汗的美国士兵装备了新型的 7.62 毫米口径 M110 狙击步枪，美军也将它作为 M39 狙击步枪和 M24 栓动步枪的潜在替代者。

随着时间的推移，在现代狙击步枪领域中出现了一些高度专业化的型号，它们往往是为满足特定的需要专门设计和制造的。现在最远击杀世界纪录由 L115A3 狙击步枪保持，在阿富汗战争期间英国士兵用这种狙击步枪在 2.47 千米外击杀了两名塔利班机枪手。L115A3 狙击步枪是 AWM 步枪系列中的一员，

M39 狙击步枪

原产国	美国
时间	2008 年
口径	7.62 毫米
重量	7.5 千克
全长	1120 毫米
装弹	导气式，20 发可拆卸弹匣
射程	780 米

L115A3 狙击步枪

原产国	英国
时间	1996 年
口径	7.62 毫米
重量	6.5 千克
全长	1200 毫米
装弹	栓动，5 发可拆卸弹匣
射程	1100 米

▲ 一名美国士兵正在使用自己的 12.7 毫米口径巴雷特 M82A1 狙击步枪瞄准目标。巴雷特已经成为高性能远距离狙击武器的代名词。

它既能使用 7.62 毫米温彻斯特子弹，也能使用 8.58 毫米马格南子弹。

紧凑型 7.62 毫米口径 L129A1 狙击卡宾枪由美国的刘易斯公司制造，它于 2010 年被装备到驻扎在阿富汗的英国军队中。1982 年，L96A1 狙击步枪也成为第一种装备到英国军队中的是 AWM 步枪系列。SIG SSG3000 是一种 7.62 毫米栓动警用狙击步枪，欧洲很多国家都在使用。现在很多狙击步枪都是从现有的自动步枪改装而来，而芬兰的 TRG22 则从设计开始就被定义为一种狙击步枪。TRG22 狙击步枪可以使用 6.6 毫米雷明顿子弹，7.62 毫米和 7.82 毫米温彻斯特子弹，以及 8.58 毫米马格南子弹。

重型狙击步枪

重型狙击步枪即使在很远的距离外都有很强的穿透能力，可以对人员和器材（轻型装甲车和掩体等硬目标）造成极大的伤害。比较出名的重型狙击步枪包括美国的 12.7 毫米口径 RAI 300 型和 RAI 500 型栓动步枪、苏联的德拉古诺夫，以及 20 世纪 90 年代出现的匈牙利杰帕德 M1 型和 M3 型。也许今天最著名的重

型狙击步枪应该算是朗尼·巴雷特在 20 世纪 80 年代设计的巴雷特 M82A1 狙击步枪。巴雷特 M82A1 的口径为 12.7 毫米，弹匣容量为 10 发，具有极高的精准度。M82A1 还有个绰号叫"Light Fifty"，它装有一个用于稳定的两脚架和高精度瞄准器。此外，它还有一种无枪托配置枪型——M82A2，但数量不多。

美国研制的 12.7 毫米口径麦克米伦 TAC-50 狙击步枪于 2000 年开始服役，它也是加拿大军队中最主要的远程狙击步枪。12.7 毫米口径斯太尔 HS .50 是一种单发栓动狙击步枪，2007 年奥地利政府决定将它出售给伊朗而让它出现在了新闻头条。英国的 AS50 狙击步枪是专门为英国军队研制的，但美国海豹突击队也装备了一些，原因是它具有半自动射击的高射速、重量轻和易于拆卸维修等。如果在战场上出现故障，使用者不使用任何工具在三分钟内就可以将其拆卸并进行维修。

哈里斯 M87R 狙击步枪是一种单发栓动步枪，它与最初的 M87 的唯一区别就是 10 发可拆卸弹匣。哈里斯 M87R 最明显的特点是 736 毫米长的枪管和枪口制退器。

法国军队标准的重型狙击步枪是 PGM 公司制造的 12.7 毫米口径的赫卡特 II 狙击步枪。赫卡特 II 装有前两脚架和后单脚架以保持稳定，它的最大射程为 1800 米，使用者常用 HEIAP 高爆装甲穿透弹来射击各种目标。它使用 7 发弹匣，曾出现在马里和阿富汗的战斗中。

麦克米伦 TAC-50 狙击步枪

原产国	美国
时间	2000 年
口径	12.7 毫米
重量	11.8 千克
全长	1448 毫米
装弹	栓动，5 发可拆卸弹匣
射程	1800 米

哈里斯 M87R 狙击步枪

原产国	美国
时间	1987 年
口径	12.7 毫米
重量	9.53 千克
全长	1346 毫米
装弹	栓动，10 发可拆卸弹匣
射程	1500 米

▲ 温彻斯特公司是美国一家著名的武器制造商，它制造了各种各样的霰弹枪，深受狩猎者和射击爱好者的喜欢，甚至有一些被军方选中用作军事用途。

第五章 霰 弹 枪

霰弹枪的祖先可以追溯到 17 世纪的前膛装弹大口径滑膛短枪（火铳）。早期的火铳主要是用作个人防御，例如邮差用来抵御路上的强盗。当时的海军士兵也会装备这种大口径滑膛短枪来进行近距离战斗，尤其是当登船或与敌人并排航行时。

这种大口径滑膛短枪就是现代霰弹枪的鼻祖。一般说来，霰弹枪的止动能力比同时代的步枪和手枪都要高，而且霰弹枪子弹通常不是一体的，里面充满了小圆球，可以造成大面积的破坏。霰弹枪子弹的低穿透力再加上高止动能力可以将使用者可能会遇到的威胁最小化。

霰弹枪是狩猎小动物的最佳武器，尤其是鸟类，早期的霰弹枪也被戏称为"鸟枪"。霰弹枪还常被用作打靶射击和飞碟射

大口径短管霰弹枪（火铳）	
原产国	荷兰
时间	1600 年
口径	17.53 毫米
重量	4.5 千克
全长	774.7 毫米
装弹	单发，前膛装弹
射程	14 米

击等运动。对执法部门来说，控制暴乱以及与暴徒近距离接触时，他们偏向于使用霰弹枪。此外，很多军事部门也装备霰弹枪用于执行特殊的任务。

多年来，经典的双管断开式霰弹枪（装弹时需要将枪管和枪膛断开，将两发子弹装进枪管后部）已经成为主流。从19世纪开始涌现出了很多种其他类型的霰弹枪，例如泵式、杠杆式、半自动和栓动式。霰弹枪的口径是一定的，而霰弹散射的类型会受到枪管收缩或扩张的影响。

并排式霰弹枪

最近几年，双管并排式霰弹枪变得越来越少见，然而曾几何时它们曾经是猎鸟者手中最常见的武器。美国独立战争期间成立的帕克公司是最著名的双管霰弹枪制造商之一，该公司的双管霰弹枪制造史一直持续到20世纪30年代，最著名的产品是1907年推出的A-1型，A-1型有许多不同口径的衍生型号，包括12、16、20和28号等。

福克斯霰弹枪分成几个等级，从最廉价的AE到最昂贵的XE，它们都是今天收藏家的最爱，其中福克斯HE Grade Super 12号霰弹枪的生产时间是1898—1929年。1939年萨维奇公司重新推出了"福克斯"这个品牌，霰弹枪的生产一直持续到20世纪80年代。LC史密斯公司从19世纪末到1950年生产了大量并排式霰弹枪，后来被马林公司收购。LC史密斯公司最著名的产品之一是后膛装弹带有自动退弹器和丰富装饰的A-3型。

雷明顿霰弹枪

原产国	美国
时间	1889年
口径	18.5毫米
重量	3.6千克
全长	1000毫米
装弹	并排式，双发
射程	20米

▲ 安妮·奥克利在"野牛比尔的狂野西部秀"中表演了令观众惊讶的射击能力，成为世人熟知的武器专家。

雷明顿 M1894 型霰弹枪

原产国	美国
时间	1889 年
口径	18.5 毫米
重量	3.6 千克
全长	1000 毫米
装弹	并排式，双发
射程	20 米

勃朗宁 BSS 霰弹枪

原产国	美国
时间	1971 年
口径	18.5 毫米
重量	3.6 千克
全长	1193.8 毫米
装弹	并排式，双发
射程	20 米

温彻斯特 M21 型是一种比较稀有的并排式霰弹枪，它有 12、16、20 和 28 号等口径型号。它的生产时间比较长，从 1931 年一直持续到 1960 年，但由于制造成本较高，总产量只有大约 3 万支。

在 19 世纪末出现的并排式霰弹枪中，最典型应该是雷明顿 M1889、M1894 和 M1900 型。M1889 型装有外置击锤，它的生产时间将近 20 年，到 1908 年停产时总产量大约为 13.5 万支。M1889 型有七个等级，从普通的钢制枪管到优质的带有雕刻的大马士革钢枪管和高品质的胡桃木枪托。

M1894 型是雷明顿公司的第一种无击锤双管霰弹枪，到 1910 年停产时总产量大约为 4.2 万支。它有 10、12 和 16 号等口径型号，使用者可以选择安装自动退弹器和优质的大马士革钢枪管。M1910 型是 M1894 型的廉价版，到 1910 年停产时，12 和 16 号口径的型号总产量大约为 10 万支。

1878 年，丹尼尔·勒菲弗发明了世界上第一支无击锤霰弹枪，两年后他成立了自己的公司。勒菲弗武器公司的生产能力赶不上其他竞争者，产品质量却非常出色。后来，勒菲弗在 1883 年又发明了第一支自动无击锤霰弹枪，1916 年他将公司卖给了伊萨卡公司。

　　勃朗宁公司直到 1971 年才开始生产并排式霰弹枪，但到 1987 年生产就停止了。在短暂的制造期间最著名的就是 BSS 霰弹枪，BSS 霰弹枪有 12 和 20 号口径两种型号，它们都带有垂直握把枪托，枪管长度最长为 762 毫米。

▼ 阿道夫·托亚弗韦恩是一名著名的神枪手和武器收藏家，他的收藏品中有很多霰弹枪，包括由图中拍卖师罗柏·伯利拿着的温彻斯特霰弹枪。

泵动式霰弹枪

<table>
<tr><td colspan="2">**勃朗宁 BPS 霰弹枪**</td></tr>
<tr><td>原产国</td><td>美国</td></tr>
<tr><td>时间</td><td>1978 年</td></tr>
<tr><td>口径</td><td>18.5 毫米</td></tr>
<tr><td>重量</td><td>3.49 千克</td></tr>
<tr><td>全长</td><td>1219.2 毫米</td></tr>
<tr><td>装弹</td><td>泵动式，三发</td></tr>
<tr><td>射程</td><td>40.23 米</td></tr>
</table>

<table>
<tr><td colspan="2">**贝内利 Nova 霰弹枪**</td></tr>
<tr><td>原产国</td><td>意大利</td></tr>
<tr><td>时间</td><td>1990 年</td></tr>
<tr><td>口径</td><td>18.5 毫米</td></tr>
<tr><td>重量</td><td>3.63 千克</td></tr>
<tr><td>全长</td><td>1257.3 毫米</td></tr>
<tr><td>装弹</td><td>泵动式，四发内置弹仓</td></tr>
<tr><td>射程</td><td>30 米</td></tr>
</table>

1893 年，工程师约翰·勃朗宁（当时就职于温彻斯特连发武器公司）研制出第一种泵动式霰弹枪——M1893 型。随后，他又研制出了使用无烟火药的 M1897 型，M1897 型的枪管和框架都被加长，并加装了侧面的退弹口护盖，而且结构也被加固以处理 12 号口径霰弹。M1897 型使用五发管状弹仓，第一次世界大战期间美国军队就装备有这种霰弹枪，凭借出色的表现 M1897 型也赢得了"战壕枪"的美称。M1897 型的生产时间大约持续了 60 年，总产量超过 100 万支。

勃朗宁 BPS 泵动式霰弹枪装有锻造钢制机匣；方便操作的底部装弹、退弹器以及顶部保险器。BPS 有 12、20 和 28 号口径型号，上面的 3+1 或 4+1 弹仓配有一个适配器，以满足美国大部分地区的狩猎法规。扳机护圈后部还装有一个锯齿状释放器。

轻便的贝内利 Nova 泵动式霰弹枪是为满足战场耐久性而研制的。它采用了由先进聚合材料覆盖的钢骨架框架，枪托和机匣被集成为一体以消除射击时可能会出现的跳动。它的聚合材料握把表面是带槽的，扳机组件是可拆卸的。此外，它还装有一个按钮式子弹止进器。

1912 年问世的温彻斯特 M12 型可以算是 20 世纪前半叶泵动式霰弹枪的标志。它使用六发管状弹仓，最初只有 20 号口径的型号，但后来又出现了 12、16 和 28 号口径的型号。M12 型霰弹枪的设计者托马斯·约翰逊在设计过程中借鉴了勃朗宁的 M1893 和 1897 型。截至 1964 年，它的总产量超过 200 万支，有些特殊型号的生产一直持续到 2006 年。

1915 年，勃朗宁和佩德森合作研制了一种泵动式霰弹枪原型，后来这种原型枪发展成了伊萨卡 37 型，这种霰弹枪的生产从 1937 年一直持续到今天。伊萨卡 37 型在全世界的军队和执法部门中很受欢迎，有一种阿根廷版本叫作巴丹 M71 型。伊萨卡 37 型的特点是使用四发、五发或七发管状弹仓，并且退弹口和装弹口位于底部，便于使用者操作。Stakeout 是一种缩短版，枪管长度只有 330 毫米，在很多电影中都有出现。

伊萨卡 37 型霰弹枪	
原产国	美国
时间	1933 年
口径	18.5 毫米
重量	3.45 千克
全长	1006 毫米
装弹	泵动式，七发内置弹仓
射程	30 米

雷明顿 M870 型霰弹枪

雷明顿 M870 型霰弹枪是雷明顿公司泵动式霰弹枪系列中最著名的一种。M870 型于 1951 年开始生产，是该系列的第四代，前三代分别是 M10 型、M17 型和 M31 型。截至今天，M870 型的生产仍然在持续，总产量超过 1000 万支。M870 型在狩猎、自卫和射击运动中表现非常出色。此外，它在执法部

雷明顿 M870 型霰弹枪	
原产国	美国
时间	1951 年
口径	18.5 毫米
重量	3.6 千克
全长	1280 毫米
装弹	泵动式，七发内置弹仓
射程	21.95 米

▲ 雷明顿 M870 型很长时间都是最受欢迎的霰弹枪之一。它的产量超过 1000 万支，广泛应用于狩猎、自卫、射击运动和执法等领域。

门中也很受欢迎。

当时霰弹枪市场销量最好的是温彻斯特 M12 型，雷明顿为了与之竞争着手开始研制一种持久、低成本和符合人体工程学的霰弹枪，结果就是 M870 型。M870 型使用 4+1 或 7+1 容量内置管状弹仓，有使用 12、16、20 和 28 号口径的型号。M870 型的前身是 M31 型，1931—1949 年间 M31 型的总产量超过 20 万支。M31 型也是马弗里克和莫斯伯格霰弹枪系列的研发基础，其中包括著名的莫斯伯格 500 系列。

莫斯伯格霰弹枪

莫斯伯格 500 型是世界上销量最好的泵动式霰弹枪之一，它的设计者是 O.F. 莫斯伯格，制造者是莫斯伯格以自己名字成立的公司。500 型于 1960 年开始生产，口径有 12 和 20 号两种型号。使用弹壳子弹时的最大射程为 50 米；使用独头弹时的最大射程为 300 米。根据型号不同，弹仓容量从 5+1 到 8+1 不等。500 型结构简单，拆卸很方便，维护也很方便。500 型还有大量的衍生型号，广泛应用到军事、执法和自卫等领域。2005 年问世的 M535 型是一种很受欢迎的 500 型安保衍生型号，它可以使用滑膛或膛线枪管，既可以发射弹壳子弹，也可以发射独头弹。835 霰弹枪是一种很受欢迎的狩猎霰弹枪，它可以使用轻型或重型弹壳子弹。

温彻斯特 M1200 型的生产时间是 1965—1983 年，接着 M1300 型的生产正式开始，并一直持续到 2006 年。温彻斯特公司研制 M1200 型的目的是取代原来标志性的 M12 型，这种泵动式霰弹枪的弹仓容量为 5+1（1 发在枪膛内，5 发在内置管状弹仓

莫斯伯格 835 霰弹枪	
原产国	美国
时间	1988 年
口径	18.5 毫米
重量	3.29 千克
全长	1022 毫米
装弹	泵动式，三发内置弹仓
射程	50 米

ARMSCOR M30R6 霰弹枪	
原产国	菲律宾
时间	1977 年
口径	18.5 毫米
重量	3.4 千克
全长	1016 毫米
装弹	泵动式，四发内置弹仓
射程	50 米

内）。M1200 型的军用型号可以拆开运输，这也让它变得很出名。

M1300 型对弹仓进行了轻微的改进，让管状弹仓的容量从 4 发增加到 5 发，而 M1300 防御者衍生型号的管状弹仓容量为 7 发。M1300 土耳其版也很特别，枪管长度只有 457 毫米。

泵动式 ARMSCOR M30R6 和 M30D1 霰弹枪的制造者是菲律宾国家武器公司。M30R6 的口径型号为 12 号，子弹容量为 4+1 发，枪管长度为 470 毫米；M30D1 的枪管更长，长度为 660~711 毫米。

自动霰弹枪

勃朗宁 Auto-5 是世界上第一支半自动霰弹枪，它是约翰·勃朗宁在 1902 年研制的，生产一直持续到 1998 年。名字中 Auto 代表它可以半自动运转；5 则代表管状弹仓的容量。Auto-5 有 12、16 和 20 号口径的型号。此外，由于机匣和枪膛连接处有一个突然拐角形成的凸起，因此它还赢得了"驼背"的绰号。

有趣的是，Auto-5 在 1903 年问世后不久就停产，直到 1923 年生产才恢复。Auto-5 以强有力的后坐力而著称，而且凭借出色的稳定性深受狩猎者的欢迎。在纸壳子弹可能会堵塞枪管的时代，Auto-5 一直在服役。为了延长寿命，工程师在它上面安装了一组减振环，以防止强大的后坐力对结构造成破坏；使用者还可以根据发射子弹的类型对减振环进行调整。

比利时的 FN 公司是最早生产 Auto-5 霰弹枪的公司。在 20 世纪 40 年代，美国的雷明顿公司总共制造了超过 85 万支 Auto-5 霰弹枪，其中大多数供应到参加的第二次世界大战的军队中。

▲ 传奇设计师约翰·勃朗宁设计了很多著名的武器，包括机枪、步枪和霰弹枪。图中他正在操作一支机枪的原型。

Auto-5 霰弹枪的后继者是勃朗宁黄金系列导气式自动霰弹枪。黄金系列霰弹枪包括狩猎版和运动射击版，口径型号为 10、12 和 20 号。

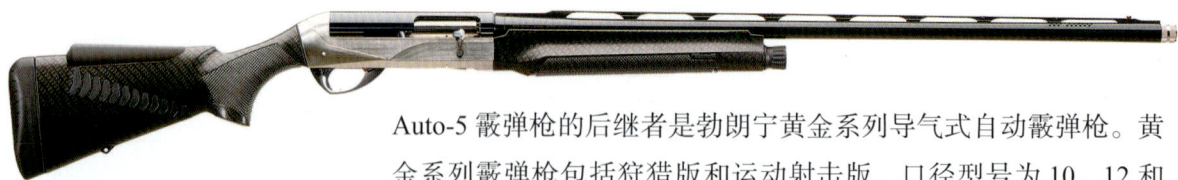

贝内利 Autoloader 霰弹枪

原产国	意大利
时间	1998 年
口径	18.5 毫米
重量	3.82 千克
全长	855 毫米
装弹	导气式，七发内置弹仓
射程	50 米

20 世纪 60 年代，很多霰弹枪都具有后坐力大、重量重，以及在恶劣的户外环境中耐久性差的问题。雷明顿公司凭借 M1100 型很好地解决了这些问题。M1100 型率先采用了导气式机制，这极大地减小后坐力，并提高精准度，在很长一段时间它一直保持着连续命中的世界纪录。M1100 型使用管状弹仓，口径型号为 12、16、20 和 28 号。

意大利的贝内利公司成立于 1967 年，凭借高性能的霰弹枪和其他武器迅速被全世界所认可。贝内利的 Autoloader 系

▶ 德国军官展示他们狩猎的成果。凭借近距离的强大威力，霰弹枪在第一次世界大战期间的西线战场变得越来越受欢迎。

列有 12 和 20 号口径的型号，深受狩猎者和执法部门的欢迎。Autoloader 霰弹枪采用了自由枪机惯性闭锁，不再依靠气体来排出废弹壳，因此消除了清洁导气口的必要性。贝内利 Autoloader 系列霰弹枪中，最著名的是 M3 和 M4 Super 90 型。

作战霰弹枪

泵动式、半自动和自动霰弹枪也具有一定的军事价值，尤其是第一次世界大战期间的壕沟战出现后。此外，在 20 世纪战争的近距离巷战中，霰弹枪也起到了重要的作用。

随着勃朗宁 Auto-5 霰弹枪在第一次世界大战期间表现出色，德国政府甚至认为这种霰弹枪违反了当时的武器限制。随后莫斯伯格 500 系列和雷明顿 M870 型都跟随勃朗宁的脚步研发出了作战霰弹枪型号。其他著名的作战霰弹枪包括艾奇逊 AA-12、弗兰基 SPASM12 和 15 型、贝雷塔 RS200 警用型、贝内利 M4 和 M1014 型、大宇 USAS-12 型、潘科 Jackhammer 和 Armsel Striker。

最初的艾奇逊 AA-12 霰弹枪是设计师麦斯威尔·艾奇逊在 20 世纪 70 年代初期设计的，它使用五发盒状弹匣，缺点是后坐力很大。1987 年，艾奇逊将专利权卖给了美国军事部门，随后该部门又进行了近 200 次改进。现在的艾奇逊

莫斯伯格 535 霰弹枪

原产国	美国
时间	2005 年
口径	18.5 毫米
重量	3.06 千克
全长	1225.55 毫米
装弹	泵动式，五发内置弹仓
射程	40 米

艾奇逊霰弹枪

原产国	美国
时间	1972 年
口径	18.5 毫米
重量	5.2 千克
全长	991 毫米
装弹	导气式，八发盒状弹匣或 32 发弹鼓
射程	100 米

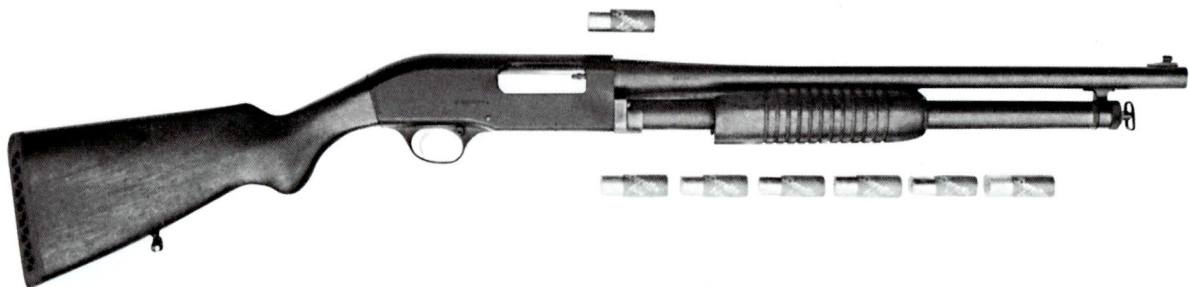

贝雷塔 RS200 霰弹枪

原产国	意大利
时间	1970 年
口径	18.5 毫米
重量	3.0 千克
全长	520 毫米
装弹	泵动式，六发内置弹仓
射程	100 米

贝内利 M4/1014 型霰弹枪

原产国	意大利
时间	1998 年
口径	18.5 毫米
重量	3.82 千克
全长	885 毫米
装弹	导气式，七发内置弹匣
射程	50.2 米

AA-12 霰弹枪采用导气式，带有一个固定枪托，射速可达 300 发/分钟，供弹是八发盒状弹匣或 20/32 发弹鼓。

20 世纪 80 年代，韩国大宇公司根据美国 AA-12 霰弹枪研制了一种自动霰弹枪，并将其命名为大宇 USAS-12 霰弹枪。USAS-12 的军用型采用全自动方式，口径型号为 12 号，最高射速为 450 发/分钟，子弹来自 10 发可拆卸盒状弹匣或 20 发弹鼓。大宇公司向民用市场推出了一种半自动型号，但购买时会面临严格的限制。安保和警察部门使用的则是一种选择射击的模式。大宇 USAS-12 霰弹枪在亚洲很受欢迎，到 20 世纪 80 年代中期总产量为 3 万支。

贝雷塔 RS200 是一种泵动式霰弹枪，标准型号的木制枪托有效地减轻了重量。它能发射多种子弹，包括大号独头弹、标准独头弹和橡皮弹。军队和安全部门的型号被命名为 RS201M1 型和 RS201M2 型，M1 型装有一个折叠枪托；M2 型则装有一个闪光抑制器和防热罩。军用型号还有一个特点，即操作者可以不用向后拉动就能装填一发子弹。

Armsel Striker 霰弹枪

Armsel Striker 也叫 Protecta、Protecta Bulldog 或 Co.Striker

12，它是希尔顿·沃克在 20 世纪 80 年代设计的一种转轮式霰弹枪。早期的 Striker 采用弹簧式 12 发转轮，但是由于这种发射机制很慢，并饱受批评，因此在 1989 年被一套全自动装弹退弹系统取代，这种改进型号被命名为 "Protecta"。此外，还出现了一种七发转轮的紧凑型号。Striker 的口径型号为 12 号，目前它的使用者主要是以色列的警察部队和南非的国防军。

▼ 在动乱时期，南非警察部队拿着霰弹枪在大街上巡逻。霰弹枪一直以来都是控制暴乱的标准武器。

弗兰基 SPAS M12 型霰弹枪

原产国	意大利
时间	1979 年
口径	18.5 毫米
重量	4.4 千克
全长	1041 毫米
装弹	导气式，八发内置弹仓
射程	40 米

弗兰基 SPAS M15 型霰弹枪

原产国	意大利
时间	1996 年
口径	18.5 毫米
重量	3.9 千克
全长	1000 毫米
装弹	泵动式，八发可拆卸弹匣
射程	40 米

贝内利 M4/1014 型也被称为 M4 Super 90，它是意大利贝内利公司研制的一种采用公司独特的自动循环导气系统的 12 号口径半自动霰弹枪。为了满足美国军队对新型 12 号作战霰弹枪的需要，贝内利公司专门研发了 M4/1014 型，随后它战胜其他几种竞争对手，率先进入美国海军陆战队服役，截至 1999 年，它的总产量超过 2 万支。这种霰弹枪的特点是它会根据不同型号的弹药自动调整。

贝内利 M4/1014 型霰弹枪利用内置管状弹仓供弹，民用版本的弹仓容量为 5+1；军用版本的弹仓容量为 7+1。上面的导轨既能安装高性能标准瞄准器和夜视瞄准器，也能什么也不安装（用作最基本的瞄准环）。截至今天，美国在阿富汗和伊拉克的很多行动中都能见到 M4/1014 型霰弹枪的身影。

1982 年，意大利弗兰基公司推出了 12 号口径 SPAS-12 霰弹枪，这种泵动式导气半自动霰弹枪的弹匣容量为 8+1，射速可达 4 发 / 秒。SPAS-12 霰弹枪有半自动和泵动式两种模式，当发射橡皮弹或催泪弹时，往往会选择第二种模式。

SPAS-12 霰弹枪的设计工作始于 20 世纪 70 年代初期，凭借出色的性能，大量销往世界各地的军队和警察部门。此外，

它还经常出现在各种媒体上，尤其是电影和电子游戏中。SPAS-12霰弹枪的一个显著特点是可中断弹匣，这让使用者不需要耗光弹匣就能够在中途装填和发射另一种类型的子弹。

SPAS-12霰弹枪的枪管底部可以安装各种配件和一个榴弹发射器。弗兰基公司还推出了一种折叠枪托的型号，它的特点是在展开枪托有一个挂钩，挂钩可以旋转到适合使用者手臂的位置，让他能够单手射击。

SPAS-15霰弹枪是SPAS-12的下一代，它的生产始于1986年，生产时间持续了近20年。与其前代相同，SPAS-15也是一种泵动式导气霰弹枪，但是它使用了可拆卸弹匣，弹匣容量可以是三发、六发和八发。此外，它还有选择射击的功能，使用者只需要按下握把上的按钮并轻微向前/后滑动就能实现。

SPAS-15霰弹枪保留了螺纹拧装的枪管组件，并且镀铬枪管在作战环境下有很高的耐久性。SPAS-15霰弹枪的使用者非常多，包括白俄罗斯、突尼斯、巴西、葡萄牙和塞尔维亚等国家的军队和警察部门。此外，意大利军队也在1999年开始正式装备。

潘科 Jackhammer（气锤）

20世纪80年代中期，美国工程师约翰·安德森研制了一种非常著名的作战霰弹枪，并将它命名为Jackhammer。起初它展示出了很好的前景，但最终没有量产。这种12号口径导气武

潘科 Jackhammer

原产国	美国
时间	1987 年
口径	18.5 毫米
重量	4.57 千克
全长	787 毫米
装弹	导气式，十发可拆卸转轮
射程	40 米

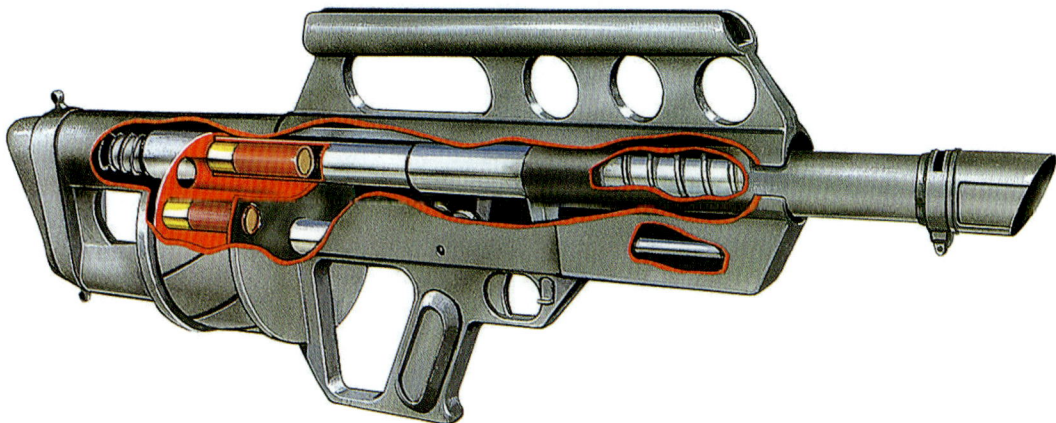

器使用 10 发转轮，射速可达 240 发/分钟。1987 年安德森获得 Jackhammer 的专利，但只有少数原型可供测试，因此美国军事机构拒绝接受它，而最初对它感兴趣的国家很快就消失，这也迫使安德森的潘科公司破产。

潘科 Jackhammer 霰弹枪利用间歇运动的转轮原理，而很多部件都采用了聚合材料以减轻重量。Jackhammer 将新老技术融合在一起，这种特点类似于早期的韦伯利-福斯布利和莫辛-纳甘手枪。

暴乱控制武器

多年以来，"防暴枪"这个词主要用来形容那些用于暴乱控制霰弹枪，它们往往包含各种类型。但是直到今天，暴乱控制霰弹枪已经演变成了一种特殊类型的武器，它们与作战霰弹枪有很多相似之处。

联邦防暴枪（FRG）是总部设在美国宾夕法尼亚州的联邦实验室在 20 世纪 30 年代研制的。联邦防暴枪是一种单发断开式武器，子弹通常是 37 毫米和 38 毫米橡皮弹或催泪弹。在 20 世纪六七十年代的动乱期间，大学校园和主要街道上经常能看到 FRG 的身影。此外，在北爱尔兰动乱时期，它也是英国军队

最主要的防暴武器。

　　FRG 的研制目的是当与示威者接触时对其造成非致命性的伤害。由于直接瞄准和射击单个人可能会造成致命的后果，因此使用者经常朝着路面射击，让子弹弹向人群。截至今天，全世界警察组织的军火库中仍然保留着很多这样的武器。

　　在英国军队中，FRG 后来被 ARWEN 7 霰弹枪所取代。ARWEN 7 霰弹枪是一种混合型防暴武器，它使用 37 毫米旋转弹鼓发射橡皮弹或催泪弹。之所以会采用旋转弹鼓系统是因为在测试中旋转弹鼓系统比半自动和泵动式系统更具优势。1977年英国军队开始正式装备 ARWEN 7 霰弹枪，随后加拿大也获得了生产授权。ARWEN 7 短管是一种紧凑型号；ARWEN ACE 则是另一种 37 毫米口径的单发防暴霰弹枪。

　　英国的舍尔穆利霰弹枪是一种 38 毫米口径单发撅开式滑膛霰弹枪。此外，它还能安装一个适配枪管发射常规的 12 号口径子弹。舍尔穆利霰弹枪是基于第二次世界大战时期的信号枪设计的，它由铝合金部件和木制枪托组成。它通常作为轻型装甲车的附属武器用于安全巡逻任务。

　　另一种常见的防暴武器是史密斯 & 维森 M276 型霰弹枪。它发射 37 毫米口径催泪弹，在 20 世纪前半叶的暴乱时期经常能看到它的身影。M276 型最显著的外观特点是木制枪托和吊索。

　　比利时的半自动 FN303 是一种利用压缩空气发射子弹的非致命防暴武器，它使用 15 发可拆卸弹鼓。将 FN303 的枪托拆掉，就能将它安装在 M16 突击步枪上。从理论上讲，这种搭配能让武器在特定情况下既能发射致命子弹，也能发射非致命子

舍尔穆利霰弹枪	
原产国	英国
时间	1950 年
口径	38 毫米
重量	2.7 千克
全长	828 毫米
装弹	单发
射程	40 米

弹。旋转枪管弹夹还允许使用者使用多种类型的防暴子弹。

2004 年在波士顿发生一起意外，一名妇女被 FN303 的子弹击中眼睛而身亡。受害者的家人将市政府和 FN 公司告上法庭，最后双方达成和解，但是市政府决定销毁那些有潜在致命能力的 FN303。尽管如此，FN303 的生产还是一直持续到 2003 年，并被广泛部署到伊拉克和阿根廷以及其他地区。

FN303 霰弹枪

原产国	比利时
时间	2003 年
口径	18 毫米
重量	2.3 千克
全长	740 毫米
装弹	压缩空气，15 发可拆卸弹鼓
射程	70 米

双管运动霰弹枪

飞碟和打靶射击运动一直以来都是非常流行的体育运动，而且狩猎活动（不管是大型动物，还是小型动物）一直以来都是人们消遣娱乐的重要方式，有时甚至是维持生计的一种手段。各种射击活动都需要各种类型的霰弹枪，以前如此，现在和将来也是如此。随着时间的推移，出现了很多像经典温彻斯特 M21 型这样的双管运动霰弹枪设计。

费巴尔姆 BETA 霰弹枪由位于意大利布雷西亚的费巴尔姆公司设计，这种断开式霰弹枪装有一个木制枪托，是奥运会和其他比赛中常见的飞碟射击。同样位于布雷西亚的福斯蒂公司也以生产并排式和上下式狩猎以及运动霰弹枪而著称。产自意

费巴尔姆 BETA 霰弹枪

原产国	比利时
时间	1980 年
口径	18.5 毫米
重量	3.18 千克
全长	710 毫米
装弹	并排式，双发
射程	50 米

大利萨雷佐的 12 号口径 M99 型上下式霰弹枪装有一个手工打造的机匣。

流行的上下式霰弹枪配置是狩猎者和运动射击爱好者的最爱。其中最著名的上下式霰弹枪是来自勃朗宁公司的两种——Superposed B25 和 B125。1923 年秋，约翰·勃朗宁获得了 Superposed 上下式霰弹枪设计的两个专利。根据勃朗宁公司的说法，这是他的最后一项发明。八年后，勃朗宁公司才开始量产这种霰弹枪。

勃朗宁 B25 是一种由勃朗宁设计，由比利时 FN 公司生产的断开式上下式霰弹枪。B25 问世于 1926 年，最初只能使用 12 号 69.8 毫米子弹，在 1940 年，人们对其进行了改进，使其能够使用 20 号和 28 号口径。根据等级不同，装饰程度也不同。B25 采用机匣锁和单个扳机构造，保险器位于颈部，也用作枪管选择器。B26 是 B25 的廉价版，于 20 世纪 70 年代初期开始生产。B80 是一种半自动型号，生产从 1980 年一直持续到 1988 年，并大量采用了贝雷塔公司制造的零部件。

1984 年，勃朗宁公司推出了 B125，并将其作为 B25 的替代品。但是由于公众的反对，两种霰弹枪开始同时销售。日本的弥勒公司负责制造零部件，最好的组装工作由位于比利时的勃朗宁分公司负责。B125 以精准度高和精美的法国胡桃木枪托而著称。狩猎型号是 Special Chasse，飞碟射击型号则使用重型枪管和宽肋条的 Parcour de Chasse。

跟随 B125 的脚步，勃朗宁公司推出了 Special Chasse Europe、20 号口径 Superlight 和 Trap F1。325、425 和 525 上下式飞碟霰弹枪仍然是体育运动的理想装备。但是，到 2001 年勃朗宁公司放弃了整条霰弹枪的生产线。

20 世纪最具影响力的上下式霰弹枪家族是贝雷塔 SO 系列，

勃朗宁 B125 霰弹枪

原产国	比利时
时间	1984 年
口径	18.5 毫米
重量	3.46 千克
全长	1085.85 毫米
装弹	上下式，双发
射程	50 米

也被称为 Sovrapposto。第一次世界大战结束后，上下式霰弹枪开始处于主导地位。博斯和伍德沃等英国制造商和比利时的制造商开始了制造上下式霰弹枪的热潮。意大利的贝雷塔公司开始研制新型上下式霰弹枪，它包括并排式霰弹枪上常见的锁定系统，可以将枪管牢牢锁定到位。带有贝雷塔名字的枪管也是一个特点。

贝雷塔 SO1

尽管有很多创新，贝雷塔 SO 系列霰弹枪直到 20 世纪 30 年代才初具成型，并且直到 1935 年才进入市场。最初 SO 系列霰弹枪的口径为 12 号，并装有自动退弹器和双扳机组件，主要用于射击比赛和狩猎活动。第二次世界大战爆发后其生产被迫中止，战争结束后生产恢复，新型号被命名为 SO1。随后公司又推出 SO2 Super Caccia 和 SO3 competition 等比赛型号。到 20 世纪 60 年代 SO4 问世，紧接着是 1971 年的 SO4 飞碟射击版问世。20 世纪 80 年代问世的 SO5 是一种多用途型号，参加了很多飞碟射击和打靶比赛。SO6 的运动版是最著名的，帮助运动员赢得了众多比赛的冠军。

1990 年 SO9 问世后，SO 系列进入一个新时代。它瞄准的是家用市场，尽管外观和感觉与前几代基本相同，但由于价格低廉，越来越多的爱好者用它体验到了射击的乐趣。

2004 年，SO10 采用了全新的设计，新设计没有采用传统的贝雷塔十字锁系统，而是换成了受其他制造商影响的组合系统。SO10 装有一个钛合金扳机和可拆卸闭锁，使用者通过摘掉隐藏撞针就能将它们拆掉。

贝雷塔 S09 霰弹枪

原产国	意大利
时间	1990 年
口径	15.6 毫米
重量	2.44 千克
全长	1160 毫米
装弹	上下式，双发
射程	50 米

贝雷塔比赛级 682 上下式霰弹枪有 12、20 和 28 号不同的口径型号。从 1984 年开始生产后，市场出现了几个档次的飞碟射击和打靶射击的型号。它们大多使用相同的零部件，其中最主要的是贝雷塔 682 的两个型号。最早的贝雷塔 682 使用了更宽、更大的框架。

处于减轻重量的目的，贝雷塔公司减轻了新型号的枪管重量，缩小了机匣的尺寸，并加装了喉缩系统。因此对于新型号来说，可能无法与原始的型号使用相同的零部件。

贝雷塔 Ultralight 霰弹枪更轻便，尺寸更小。Ultralight 的口径型号为 12 号，枪托长度为 368 毫米，枪管长度为 711 毫米。

▲ 贝雷塔上下式断开霰弹枪的显著特点是高质量木制枪托上有精美的雕刻。

贝雷塔 682 霰弹枪

原产国	意大利
时间	1984 年
口径	18.5 毫米
重量	3.4 千克
全长	1160 毫米
装弹	上下式，双发
射程	50 米

不管是尺寸还是长度，都比同时期的霰弹枪要小。

帕拉兹 MX 系列

帕拉兹 MX 系列分为低、中、高三个档次，其中高端 MX8 就装有法国胡桃木枪托和黄金镶嵌装饰。它还装有一个分离的扳机组件，带孔的枪管和方便拆卸的喉缩，这让它成为非常理想的打靶射击或双向飞碟射击比赛的武器。兰博是温彻斯特澳大利亚公司的一个部门，专门生产运动和狩猎霰弹枪。断开式 12 号口径兰博 Deluxe Sporter 装有镀铬枪管、瞄准条和多个喉缩构件。此外，木制枪托和握把上还有采用激光雕刻的精美图案。

萨尔维内利 L1 霰弹枪使用了类似于帕拉兹的博斯闭锁系统。三种萨尔维内利霰弹枪于 1955 年进入武器市场，凭借在比赛中出色的表现，它们获得了很高的声誉。可更换喉缩和单模式扳机组件都是 L1 的可选配件，并且木制枪托是根据客户要求手工打造的。根据等级不同，机匣的抛光分别是光泽蓝、阴暗的镀铬或简单的硬化。前护木既可以是扇形，也可以是圆形。

贝雷塔 Ultralight 霰弹枪

原产国	意大利
时间	1990 年
口径	18.5 毫米
重量	2.6 千克
全长	1070 毫米
装弹	上下式，双发
射程	50 米

萨尔维内利 L1 霰弹枪

原产国	意大利
时间	2012 年
口径	18.5 毫米
重量	3.74 千克
全长	1178 毫米
装弹	上下式，双发
射程	50 米

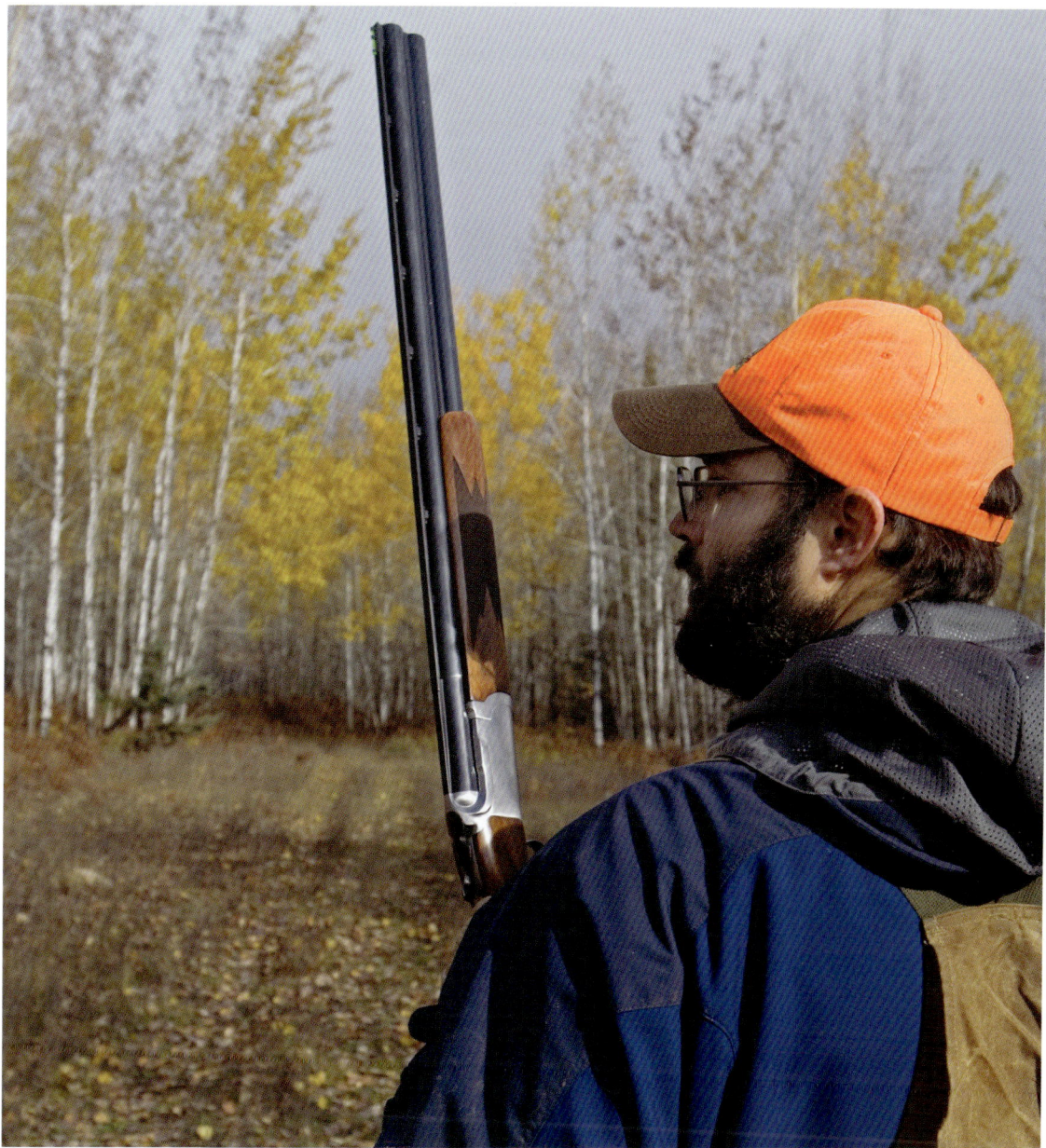

▲ 鲁格尔 Red Label 问世于 1977 年，并于 2011 年正式停产。2014 年 Red Label 再次复出，并有 12 号和 20 号口径两种型号。

　　鲁格尔 Red Label 问世于 1977 年，并于 2011 年正式停产，长期以来它深受狩猎和射击运动爱好者的欢迎。2004 年鲁格尔公司再次推出了 Red Label，新型 Red Label 保留了原来的胡桃木枪托，重心位置也被重新调整，让后坐力更小。此外，为了降低成本，整个制造过程也被简化。Red Label 最初只有 12 号口径的型号，2014 年又增加了 20 号口径的型号。

贝加尔 IZH-27/ 雷明顿 SPR-310 霰弹枪

原产国	苏联
时间	1977 年
口径	18.5 毫米
重量	3.49 千克
全长	1244.6 毫米
装弹	上下式，双发
射程	50 米

M90 型霰弹枪由位于美国康涅狄格州的马林公司研制，生产时间是 1937—1963 年。西尔斯罗巴克公司也有一条生产线，主要生产廉价的没有装饰的型号。1941 年以前，西尔斯罗巴克公司将 M90 型命名为漫游者，随后又将其更名为 J.C. 希金斯，并一直持续到 1946 年停产。最初的 M90 型的口径型号为 20 号，很快又推出了其他口径的型号。

1977 年，雷明顿推出了斯巴达-310 上下式霰弹枪。标准的斯巴达-310 采用镀镍机匣，枪管长度为 660 毫米或 711 毫米，运动射击版的 310S 的枪管长度为 749 毫米。SPR-310 型是雷明顿公司在 2005—2009 年间从俄罗斯进口的一种霰弹枪，它与俄罗斯贝加尔兵工厂制造的 IZH-27 型很相似。贝加尔 IZH-27 型有多种口径的型号，其中 12 号口径是最出名的。

韦瑟比 Athena 有多种口径的型号，其中 12 和 20 号口径可以发射 76.2 毫米子弹；而 28 号口径只能发射 69.8 毫米子弹。28 号口径型号的喉缩是集成的；而 12 和 20 号口径的喉缩是可拆卸更换的。直握把和前护木都是常见的花纹胡桃木。此外，它们还都使用常见的双扳机组件。

FAIR 霰弹枪

位于意大利布雷西亚的 FAIR（Fabbrica Armi Isidoro Rizzini）公司研制了很多著名的上下式霰弹枪。FAIR Premier 是专门为初学者研制的，它使用与其他 FAIR 霰弹枪相同的闭锁块，并有 12、20 和 28 号等不同口径的型号。使用者还可以选择集成喉缩或可更换喉缩，以及可调节模式的单板机或双扳机等配置。木制配件是标准的胡桃木，并且栓块也被涂成了蓝色。Premier EM 安装了一个自动退弹器，而 Premier Deluxe 则在栓块上增加了简单的雕刻图案。

FAIR Jubilee 霰弹枪家族包含几个著名的型号，它们使用过不同的名字。例如，FAIR700 系列仍然使用最初的名字，例如 LX-680 和 SRC-620。FAIR700 系列使用 69.8 毫米和 76.2 毫米的 12 号子弹，702 型则采用了镀铬枪机，并带有简单的雕刻，并且箱锁被涂成蓝色，并带有金色内衬的亚光黑色。702 型包括飞碟、打靶和双向飞碟等型号，型号不同，枪管长度也不同。

FAIR Jubilee 900 型是 702 型的高配版，它也被称为 LX-900 Caccia。902 型又是 900 型的装饰版，箱锁侧面都有精美的雕刻。Prestige 系列霰弹枪中最高端的产品。Prestige 702 型装有一个镀铬枪栓和侧板，Prestige Tartaruga 包括可调节后膛和侧板，并有精美的镶金雕刻。

有些上下式霰弹枪被归类于组合枪的范畴。装有至少两根枪管，组合枪包括一根霰弹枪管和一根步枪膛线枪管。它们主要被用作狩猎武器，让狩猎者可以应对各种各样的大型和小型猎物。德国克里戈夫国际公司研制的一种组合枪就是很好的例

FAIR Jubilee prestige 霰弹枪	
原产国	意大利
时间	1971 年
口径	18.5 毫米
重量	3.2 千克
全长	1066.8 毫米
装弹	上下式，双发
射程	50 米

▼ 德国克里戈夫国际公司成立于 1886 年，到现在已经有 130 年的历史。这家位于乌尔姆的公司以生产优良的霰弹枪而著称。

子，它将 16 号口径霰弹枪管和 7 毫米口径步枪枪管结合在一起，新型组合枪装有一个面颊垫，并经常搭配一个蔡司 4 倍望远镜瞄准器。

半自动运动霰弹枪

今天市场上有很多半自动霰弹枪，其中很多型号由世界上最著名的武器制造商研制。1995 年赏金系列霰弹枪问世，并有很多专注于射击运动和狩猎领域的型号，勃朗宁赏金猎人就是其中一种。赏金猎人口径为 12 号，使用 660 毫米长的枪管，枪管上带有肋条和三个拧入式喉缩。根据子弹的尺寸不同，弹药容量为 3+1 或 4+1 发。

赏金猎人的枪托由胡桃木制成，上面雕刻有精美的图案。此外，手枪握把和前护木也有精美的条纹。它的半自动调节导气系统可以快速拆卸，清洗起来很方便，这为它赢得了很高的声誉。当枪栓空挂，弹仓和枪膛内都是空载时，使用者可以迅速填入一发子弹并将其从弹仓移入枪膛内，然后立即发射出去。这种快速装弹和射击的能力在某些情况下非常有用。

比较著名的是法巴姆（Fabarm）公司制造的两种半自动霰弹枪，它们是带有三木枪托和导气系统的 12 号口径 H35 Azur，

勃朗宁赏金猎人 (Gold Hunter) 霰弹枪

原产国	美国
时间	1995 年
口径	18.5 毫米
重量	3.4 千克
全长	1232 毫米
装弹	导气式，四发管状弹仓
射程	50 米

法巴姆 (Fabarm)Lion H38 Hunter 霰弹枪

原产国	意大利
时间	2000 年
口径	18.5 毫米
重量	3.05 千克
全长	1219.2 毫米
装弹	导气式，八发管状弹仓
射程	50 米

以及 Lion H38 Hunter。H38 Hunter 的特点是装有一个内置喉缩的三孔枪管和一个八发容量弹仓。机匣被涂成了黑色，而木制枪托已被抛光。此外，使用者还可以选择三种拧入式喉缩。

1990 年，贝雷塔公司推出了 AL391 半自动霰弹枪以取代以前老式的 AL390 型。凭借在猎鸟和飞碟射击活动中出色的表现，AL391 型赢得了很高的声誉。AL391 型的机械构造与 390 型基本相同，但枪托形状略有不同，并且采用了铝制机匣以降低重量。此外，前护木前部也变得更纤细。

意大利相关狩猎法规规定，狩猎霰弹枪的弹仓容量不能超过四发，因此设计师将 AL391 型的弹仓设置成 3+1 发，此外弹仓上还装有一个隔断器，以方便使用者随时装填一发新子弹，而不用清空弹仓。AL391 型采用了自动压缩空气驱动系统，因此结构比其他霰弹枪复杂，但是它能够根据子弹类型和后坐力的强度进行自动调整。

AL391 型有四种型号：Urika、Teknys、Xtrema 和 Xtrema 2 型。Urika 是标准型号；Teknys 是高档版本，带有精美的装饰和雕刻；Xtrema 是专门为狩猎水禽而设计的，它只有 12 号口径的型号，但可以发射更重的子弹；Xtrema 2 型是 2004 年问世的，它是一种多功能的全方位霰弹枪。

由于减少了弹簧和 O 形圈的使用量，Xtrema 2 型非常容易拆卸和清洗。两个不易磨损的连接件和一个较长的枪管锉柄能够提高枪管和机匣连接的安全性，提高精准度。此外，枪管也被牢牢压住以降低发射时产生的枪口爬升。Xtrema 2 型的管状弹仓位于枪管下部，容量最高为 11 发。此外，老式液压减振器能够降低近 44% 的后坐力。对于那些不是铝制或不锈钢的金属

贝雷塔 AL391 Urika 霰弹枪	
原产国	意大利
时间	1990 年
口径	18.5 毫米
重量	3.31 千克
全长	1295.4 毫米
装弹	导气式，三发管状弹仓
射程	50 米

部件都被包裹上了密封膜，以防止生锈。

贝内利 Super Black Eagle Ⅱ 半自动霰弹枪的特点是装有一个人体工程学可调节扳机组件。枪管和喉缩都经过低温处理以应对更统一的射击模式，聚合材料握把枪托上还雕刻有防滑纹。新型后坐力降低系统能将后坐力的强度降低48%。除了各种类型子弹外，它还能发射一种 76.2 毫米独头弹。

贝内利 Vinci SuperSport 半自动霰弹枪也被称为"赛枪"，它是专门为射击比赛而研制的。Vinci SuperSport 安装了冷却处理的枪管和喉缩，这样有助于提高精准度。此外，它还装有一个碳纤维枪托，金属部件都有蓝色和明亮的烤漆。它的枪管是固定的，后坐力来自栓块解锁和发射动作循环。因此，它能够实现很高的射速，同时产生很小的后坐力，这些优点让它变得很有名。

弗兰基 I-12 型霰弹枪由弗兰基公司和意大利的贝内利公司合作研制，退弹系统不需要调整，运转起来非常流畅。它使用三发管状弹仓，枪托采用拉丝处理的胡桃木，可以是纯黑色或伪装迷彩色。此外，它还可以安装五个拧入式喉缩。

贝内利 Super Black Eagle Ⅱ 霰弹枪

原产国	意大利
时间	2009 年
口径	18.5 毫米
重量	3.31 千克
全长	1260 毫米
装弹	惯性闭锁，三发管状弹仓
射程	50 米

弗兰基 I-12 型霰弹枪

原产国	意大利
时间	2008 年
口径	18.5 毫米
重量	3.49 千克
全长	1194 毫米
装弹	惯性闭锁，三发管状弹仓
射程	50 米

▲ 贝 内 利 Vinci SuperSport 半自动霰弹枪在射击运动领域有很高的声誉。它射速快，后坐力小，有时也被称为"赛枪"。

栓动霰弹枪比较少见。但是莫斯伯格公司研制了几种非常出色的型号，包括 G Repeater（历史可以追溯到 1933 年）。G Repeater 的弹仓容量为四发，主要用于狩猎兔子和松鼠，紧接着是 M70 型。M70 型是一种栓动单发霰弹枪，它可以被拆成两截以方便运输。1939 年，公司又推出了 20 号口径的 M70 型，并到第二次世界大战爆发时，公司栓动霰弹枪的产品有十几种之多。到 20 世纪 50 年代，莫斯伯格栓动霰弹枪再次兴起，M193 型和 M185 型都非常畅销。很快，公司又推出了 16 号口径 M190 型和 12 号口径 M195 型。

1995 年问世的 M695 型是莫斯伯格栓动霰弹枪的最后 种型号。在 2003 年栓动霰弹枪生产线停产前，M695 型深受霰弹枪爱好者的喜欢。M695 型还有一种发射独头弹的型号，它装有一根膛线枪管和一个可调节光纤光学瞄准器。

Tar Hunt RSG-12 单发栓动霰弹枪，它有比其他独头弹霰弹枪更好的性能，可以将有效射程增加到 91 米。它操作和发射起来更像是一支步枪，它能发射 12、16 和 20 号口径子弹，部件都由高品质金属材料制成，枪托也有精美的迷彩色伪装。

The Knick

M4E 型是一种比较著名的单管霰弹枪，它由位于美国纽约的伊萨卡武器公司研制，其生产从 1926 年一直持续到 1991 年。1914—1922 年间，伊萨卡生产的单管霰弹枪使用了设计师埃米尔·弗卢埃斯设计的栓锁。随后，伊萨卡公司的弗兰克·尼克博克设计了一系列单管霰弹枪，其生产从 1922 年一直持续到 1988 年。这些霰弹枪简称"The Knick"。

Linder Sextuple Trap 也是一种很出名的单管霰弹枪，它的特点是有六个闭锁凸榫。这种 12 号口径箱锁霰弹枪起源于德国图林根的苏尔。它除了装有自动退弹器外，还装有带全尺寸肋条的喉缩。

温彻斯特公司也研制了一系列单管霰弹枪，包括 M20、M36 和 M37 型，它们都问世于第一次世界大战期间，最初是大规模生产，但后来由于订单减少而造成产量过剩。M36 型采用后膛装弹栓动系统，使用者需要拉动撞针头使武器处于射击状态，其生产从 1920 年一直持续到 1927 年，产量大约为 2 万支。后来，温彻斯特公司又将 M36 型定义为一种花园用枪，用来清除花园和农场周围的害虫。

M37 型的生产时间是 1936—1963 年，由于性能出色且价格合理，其总产量超过 100 万支。它有两种衍生型号——标准型和 1958 年问世的儿童型。M37 型有 12、16、20 和 28 号口径的型号。在第二次世界大战期间，很多美国海军陆战队士兵都装备了 M37 型霰弹枪。

温彻斯特 M1887 型是最著名的杠杆式霰弹枪之一。最初的生产只是由温彻斯特公司负责，但后来勃朗宁公司购买了专利也开始生产，结果两家公司的总产量大约为 6.5 万支。到 1901 年停产时，它只有 10 和 12 号口径两种标准型号。此外，还有一种防暴枪型号。

▲ 温彻斯特 M1887 型是约翰·勃朗宁设计的一种 10 号或 12 号口径杠杆式霰弹枪，内置管状弹仓的容量为五发。

▲ 一名设计爱好者扛着自己的运动步枪正在休息，这支步枪上有精美的雕刻。

第六章　运动步枪

步枪在现代历史中具有不可替代的作用，它对过去 400 多年的历史产生了深远的影响。运动步枪就是我们熟知的猎枪，它是步枪中很大的一个范畴。不管是目标射击还是穿越田野和森林时狩猎大小型猎物，运动步枪不仅丰富了人类的生存经验，而且还使得自然界的物种得以繁荣。

世界上很多最著名的运动步枪都起源于毛瑟兄弟和约翰·勃朗宁等天才工程师。他们的新颖设计跨越历史的长河一直延续至今。到今天，经过几百年的创新，新型运动猎枪的发展有增无减，并会一直持续下去。

下面我们会介绍一些真正优秀的运动步枪，毫无疑问，详细介绍每一个细节是一项不可能完成的任务。因此我们需要读者考虑自己的想法来判断它们的优缺点。运动猎枪不仅深受拥有者的喜爱，而且是作为赞美、嫉妒和浪漫的对象，昨天是这样，今天和明天也会一直如此。

毛瑟 98 步枪	
原产国	德国
时间	1898 年
口径	7.62 毫米
重量	4.09 千克
全长	1250 毫米
装弹	栓动，五发盒状弹匣
射程	560 米

栓动运动步枪

当毛瑟兄弟完成他们经典的 M1898 型设计时，他们已经进行了五次努力，每一次都是以前代为基础。毫不夸张地说，最终问世的毛瑟 98 算是历史上最具影响力的栓动步枪。毛瑟 98 不仅是 1898—1935 年间德国军队的标准武器，而且还是当时性能最好的运动步枪。

毛瑟栓动步枪问世后，被无数次复制和改进，它对后来设计的影响是显而易见的。在 20 世纪，几乎每一种栓动步枪都有明显的毛瑟印记。事实上，许多所谓的改进并不是让这种步枪更稳定，而是为了降低制造成本。

毛瑟 98 步枪最显著的特点包括一个机器加工的一体式枪栓，它包括握把、一对前锁耳和后部的单个辅助锁耳、安装枪机上的保险器和一个可控的供弹器。其他特点还包括一个安装

▼ 毛瑟 98 步枪是猎鹿者的最爱，它不仅是一种出色的军用步枪，而且是一种高性能的运动步枪。

在机匣上的抛壳挺、一个一体式扳机护圈和弹仓组件、一个带有内置凸耳配合的机匣和一个内置层叠装载盒状弹匣。最初很多毛瑟 98 步枪的使用者都是狩猎者，现在这些步枪的口径也从 7.62 毫米变成 8 毫米或 9 毫米。

今天，模仿原始毛瑟 98 的新型步枪仍然在不断发展和生产。这些精密制造的步枪整体性能非常出色，这也让它们有理由继续留在市场上，而且对于狩猎大型猎物来说，固定抛壳挺和可控供弹器都是最理想的配置。

温彻斯特于 1936 年开始生产期著名的 M70 型步枪，原始配置一直生产到 1963 年。M70 型也被戏称为"步兵的步枪"，公司的意图是让它作为 M54 型的替代品。1964 年，温彻斯特公司推出了新的 M70 型，但市场对它的反应并不强烈。新的 M70 型没有原始型号那样的视觉效果，而且它的机匣还使用了便宜的雕刻部件。此外，毛瑟样式的供弹器也被替换。

对很多人来说，原始的 M70 型是不可替代的。它兼有毛瑟 98 和 M54 型的优点，是一种销量达数百万支既坚固又美观的步枪。M70 型使用了与毛瑟 98 步枪相同的转栓式机制，此外它还装有双前锁耳、全尺寸供弹器和安装在机匣上的固定抛壳挺。此外，顶部并口机匣还有一个内置配合凸耳。M54 型的锥形坡膛得以保留，即使有轻微的偏差，它也能够将弹仓内的子弹引导入发射膛。

对操作者来说，M70 型改善了毛瑟步枪撞针不流畅的问题，让发射过程变得更平滑、更稳定。它的扳机一直被誉为是有史以来最好的，而且原始 M70 型中最著名的型号分别是 Featherweight、Super Grade 和 Standard。1992 年，温彻斯特公司决定恢复原始 M70 型的生产，并将它们命名为 M70 型经典

温彻斯特 70 步枪	
原产国	美国
时间	1936 年
口径	7.62 毫米
重量	3.86 千克
全长	1162 毫米
装弹	栓动，四发内置弹仓
射程	457.2 米

雷明顿 XR Rangemaster 步枪

原产国	美国
时间	2005 年
口径	各种口径
重量	3.18 千克
全长	660 毫米
装弹	栓动，单发
射程	300 米

雷明顿 700BDL 步枪

原产国	美国
时间	1962 年
口径	7.62 毫米
重量	4.08 千克
全长	1055 毫米
装弹	栓动，五发内置弹仓
射程	457.2 米

版。最终，M70 型经典版于 1994 年正式问世。

温彻斯特公司在 20 世纪生产了很多出色的运动猎枪，其中包括 M52 型，M52 型的生产从 1920 年一直持续到 1980 年，市场上有八种衍生型号。M52 型 Sporter 是一种打靶步枪，它的生产时间是 1934—1958 年；M72 型是一种 5.58 毫米口径单发栓动步枪，枪管下部有一个管状弹仓，它的生产时间是 1938—1959 年。M72 型的总产量超过 16 万支。

M67 和 M69 都是 5.58 毫米口径栓动运动猎枪，它们都问世于 20 世纪 30 年代。M67 型有四种衍生型号，包括一种滑膛枪型号。M69 型则是一种多用途版本，价格比较低廉。

雷明顿步枪

雷明顿公司多年来研制了很多种栓动步枪，其中最著名的是 700 系列，主要型号是 20 世纪 40 年代末问世的 M721、722 和 725 型。M700 型一直以来都是最畅销的运动步枪，迄今为止其产量超过 500 万支。M700 型是麦克·沃克和韦恩·利克（曾经是雷明顿公司研发部的主管）合作设计的，它有超过 12 种衍生型号。M700 型问世于 1962 年，根据子弹口径不同，其内置弹仓的最大容量为六发。

1969 年，工程师又进行了重新设计，加长了枪机护罩，

在此期间枪托形状和枪管长度也都改变过很多次。美国海军陆战队的 M40 型狙击步枪也是以 M700 型为基础研制的，在越南战争期间 M40 型狙击步枪被大量部署。此外，M700 型还有一种警用型号，其枪托不再是高度抛光的胡桃木，而是换成了轻便的凯夫拉材料。装有胡桃木枪托的型号一直都很受欢迎，它们包括山地版、BDL（B 级豪华版）和 CDL（C 级豪华版）型。

　　有人认为，M700 型步枪的出现拯救了雷明顿公司。M721 型精短度很高，但是缺乏吸引力；而 M700 型不仅保留了精准度高的优点，而且还改善了外观，变得很漂亮。在 M700 型身上，雷明顿公司将可靠的性能和迷人的外观融合在一起，与此同时还降低制造成本，这不得不说是一个创举。

▲ 在越南战争期间，美国海军陆战队装备的 M40 型狙击步枪就是以雷明顿 M700 型步枪为基础研制的。图中一名教官正在指导士兵进行射击练习。

雷明顿 M30 型步枪

原产国	美国
时间	1921 年
口径	7.62 毫米
重量	4.17 千克
全长	1375 毫米
装弹	栓动，五发内置弹仓
射程	457.2 米

雷明顿 M510 型步枪

原产国	美国
时间	1939 年
口径	5.58 毫米
重量	2.18 千克
全长	1086 毫米
装弹	栓动，单发
射程	91.44 米

M700 型的弹夹头围绕着著名的"三圈钢"，这极大地提高了强度。供弹系统由安装在凹枪机面的一个簧环供弹器和一个活塞抛壳挺组成。

雷明顿 M700 型步枪的标志是优良的扳机、快速锁住和旋转的枪栓以及由库存钢加工而成的机匣。M700 型出色的精准度很高，很多年来那些在战场或靶场上表现出色的步枪都以 M700 型的精准度为参照基准。

第一次世界大战结束后，雷明顿公司获得合同生产恩菲尔德 M1917 型步枪，为此公司试图充分利用大量富余的工人和过剩的步枪部件。最终公司向民用市场推出了恩菲尔德步枪的改良型，即 7.62 毫米口径的 M30 型。M30 型问世于 1922 年，但是它的重量和制造成本都很高。四年后，雷明顿公司又推出了改进的 M30 Express 型，它更短、更轻便且价格更便宜。

雷明顿 M34 型栓动步枪问世于 1932 年，到 1936 年销量超过 17 万支。M34 型的管状弹仓位于枪管下部，最高能容纳 22 发 5.58 毫米口径短头弹。M34 型以轻便而著称，其衍生型号包括可以安装几种瞄准器的 M34 NRA 型。

在雷明顿早期栓动打靶步枪中，500 系列是最出名的。M510 Targetmaster 单发步枪问世于 1939 年，紧跟其后的是 M513T Matchmaster 步枪，后者在从 1939—1968 年的三十年生产时间里，其总产量大约为 12.5 万支。M513T 型的特点是装有

高精度瞄准器、一个 10 发开拆卸盒状弹匣、一个"浮置式"枪管、一个可调节背带接头和一个重新设计的枪托。M510 型和 M513T 型都能使用各种类型的 5.58 毫米口径子弹。

雷明顿 M514A 型问世于 1948 年，这种轻便的单发步枪也属于 500 系列。1961 年，公司又推出 M514BC 型，它采用更短的枪托和枪管。

1967 年，雷明顿公司推出了 M788 型。它由韦恩·利克设计，能够发射各种口径的弹药，包括 5.66 毫米、6 毫米、7.82 毫米、7.62 毫米和 11.1 毫米。到 1987 年停产时，它的总产量为 56.5 万支。其他雷明顿栓动步枪还包括 M725 型、M600 型、M673 型、M541-3 型和 M7600 型。M725 型装有四发内置弹仓，能够使用 7.62 毫米、6.85 毫米和 7 毫米口径子弹，公司将它作为温彻斯特 M70 型的直接竞争对手；M600 型使用推动供弹系统，它还有一种卡宾枪型号，其生产时间是 1964—1967 年。

雷明顿 M513T 型步枪	
原产国	美国
时间	1940 年
口径	5.58 毫米
重量	4.08 千克
全长	1149 毫米
装弹	栓动，10 发可拆卸弹匣
射程	91.44 米

其他流行的栓动步枪

曼立夏 Schoenauer 与毛瑟 98 处于同一时期，它的起源可以追溯到 20 世纪初的奥匈帝国。1903 年希腊军队开始装备这种步枪，后来在第一次世界大战期间奥匈帝国军队装备的主要就是这种步枪。1903 年公司还向民用市场推出了一种运动步枪型号，以期望赚取出口利润。

曼立夏 Schoenauer 步枪是里特·曼立夏和奥托·施奈尔合作研制的，曼立夏设计了基本的步枪构造，而施奈尔则设计了

曼立夏 Schoenauer 步枪

原产国	奥匈帝国
时间	1903 年
口径	6.5 毫米
重量	3.83 千克
全长	1226 毫米
装弹	栓动，五发可拆卸弹仓
射程	600 米

五发旋转弹仓。曼立夏 Schoenauer 的口径是 6.5 毫米，第一次世界大战爆发前，它在欧洲和美国都很受欢迎。枪栓有一对带有握把的前锁耳，握把则能充当保险凸耳。此外，它还装有一个带有抛壳挺的可控供弹系统，抛壳挺固定在机匣上。

曼立夏 Schoenauer 的弹仓不需要其他步枪上那样的推弹环，而且当枪栓被拉回时，分裂的后机匣环还能引导枪栓把手移动。尽管它的发射间隙比其他步枪要长，并且安装望远镜瞄准器也不方便，但它操作起来非常流畅和平顺。弹仓通过直装弹条就能装满。

曼立夏 Schoenauer 一直生产到 1971 年，总产量超过 31 万支。运动步枪型号还包括一种短枪托的卡宾枪型号。它的显著特点是有独特的黄油刀状枪栓把手和双扳机组件。今天，独立的枪械设计师仍然在制造曼立夏 Schoenauer 步枪，但是较高的成本一直是阻碍大规模生产的重要因素。

韦瑟比 MK V 步枪

20 世纪 50 年代中期，美国工程师罗伊·韦瑟比开始研制一系列步枪子弹，包括 5.68 毫米、9.6 毫米和 11.68 毫米口径，接着他又设计了一支能够使用这些子弹的步枪。1957 年，MK V 步枪已经处于原型阶段，它的特点是相对较大的枪栓带有九个凸耳，而当时大部分步枪都只有两个凸耳。九个凸耳本身的尺寸也比其他步枪要小，后坐力减小 55%。枪栓进入机匣的动作能让人想到活塞，全封闭机框也算是一种额外的严密闭锁。

尽管韦瑟比 MK V 步枪装有一个内置凸耳配合的开顶平底的机匣，以及类似毛瑟 98 步枪上的层叠盒状弹匣，但是枪栓配

置（由韦瑟比公司的工程师佛瑞德·詹妮设计）与毛瑟步枪完全不同。很重的枪栓动作和强度是 MK V 步枪众所周知的特点，机匣由块钢制成，供弹系统采用了安装在凹槽枪栓体内部的大的爪形推弹器和安装在枪栓面部的活塞式抛壳挺。此外，它还装有一个可调节的单级扳机。

　　韦瑟比 MK V 步枪最值得注意的特点是高档的淡色胡桃木枪托。这个枪托向前方倾斜，在底部衍生出一个细长的手枪握把。枪托底部形成一个锥形的护木，以保证放置时的稳定。最初，MK V 的生产地是联邦德国，后来陆续迁往日本。

　　韦瑟比 MK V 步枪有很多衍生型号，包括 MK V 奢华型、MK V VarmintMaster（问世于 1965 年）和 MK V Crown Custom。Crown Custom 装有一个大马士革钢制枪栓，并且手枪握把上还有一个精美的红木帽。市场上出售的 MK V 往往带有金、银、雕刻和镶嵌等精美的装饰。这种美化装饰的步枪会被送给那些名流绅士，作为一种营销工具。

韦瑟比 MK V 步枪

原产国	美国
时间	1957 年
口径	5.68 毫米
重量	3.29 千克
全长	1117.6 毫米
装弹	栓动，五发内置弹仓
射程	91.44 米

韦瑟比 MK V 奢华型步枪

原产国	美国
时间	1958 年
口径	6.53 毫米
重量	3.86 千克
全长	1184 毫米
装弹	栓动，五发内置弹仓
射程	91.44 米

▲ 1958 年问世的萨维奇 M110 型在栓动运动步枪领域很有竞争力。

萨维奇公司于 1958 年推出了 M110 型步枪，并将其作为雷明顿步枪的竞争对手。它既能使用可拆卸盒状弹匣，也能使用最大容量为四发的内置弹仓。它结构简单，枪栓是直接拧在机匣上，而且扳机和其他部件都很容易制造。尽管结构简单且价格低廉，但它的性能很出色，尤其在精准度方面。目前，M110型的生产仍然在继续，包括 Target 和 Varmint 型。M110 型的成功也帮助萨维奇公司继续在现代枪械市场保持竞争力。

德国的西格 & 绍尔公司研制了 M90 型栓动步枪，M90 型装有一个高度抛光的条纹胡桃木枪托和一个蓝色抛光冷锻克虏伯钢制枪管。到 2008 年停产时，M90 型共有九种衍生型号，并且这些步枪都以平滑流畅的枪栓动作而著称。

鲁格尔步枪

1966 年鲁格尔公司研制了单发栓动 No.1 步枪，No.1 步枪问世后震惊了整个轻武器行业。尽管很多人都认为单发步枪在新型步枪的打击下会逐渐消失，但鲁格尔公司采用了一种相对经济的制造方法来降低成本。No.1 步枪能使用 30 多种口径的子弹，并采用独特的落下式闭锁动作。今天，它的生产仍然在继续。

萨维奇 M110 型步枪

原产国	美国
时间	1958 年
口径	7.62 毫米
重量	3.18 千克
全长	1130 毫米
装弹	栓动，四发内置弹仓
射程	457.2 米

鲁格尔 90 型步枪

原产国	德国
时间	1972 年
口径	6.86 毫米
重量	3.5 千克
全长	1067 毫米
装弹	栓动，四发内置弹仓
射程	437.45 米

▲ 一名狩猎者正在使用鲁格尔 No.1 步枪瞄准射击。鲁格尔 No.1 步枪问世于 1966 年，当时很多人都认为单发步枪已经过时，但 No.1 步枪一直都非常受欢迎。

紧跟 1968 年的 No.1 步枪的脚步，鲁格尔公司又推出了 M77 型步枪。本质上讲，M77 型是著名的毛瑟 98 步枪的现代版。M77 型由詹姆斯·苏里文设计，它采用了活塞式抛壳挺，而毛瑟 98 步枪采用的则是叶片式抛壳挺。

精密国际公司的 Varminter 也是一种非常受欢迎的栓动步枪，它以在恶劣环境中的出色耐久性而著称。Varminter 具有公司 AW 步枪的基本动作和特性，它还装有特殊的枪管、八发层叠可拆卸弹匣和一个彩色的枪托。此外，顾客还可以选择配置一个可调节两脚架和面颊垫块。另一种相同类型的步枪是捷克武器公司研制的 CZ527 Varmint Kevlar。CZ527 Varmint Kevlar 使用五发可拆卸弹匣，发射 5.56 毫米子弹。南非阿姆斯科公司最初将 M1700 型定位于一种猎枪，后来人们发现它在控制暴乱

的过程中也很有用。M1700 型很轻便，使用五发内置弹仓，发射 4.5 毫米口径子弹。它装有一个木制枪托，金属部件表面都有蓝色或不锈钢抛光。

蒂卡系列步枪

蒂卡系列步枪是芬兰的萨科公司制造的，它装有一个合成材料枪托和可调节扳机。其中，蒂卡 T3 型包括两个前凸耳、一个凹形面活塞式抛壳挺和一个封闭式机匣。蒂卡 T3 型的枪托采用了优质的胡桃木，枪管由冷锤锻钢制成，可以自由浮动。它能发射 7.62 毫米、7.82 毫米或其他口径的子弹。萨科公司的另一种产品是栓动 Quad 步枪，它配有四种可以互换的不同口径可自由拆卸的浮动枪管。Quad 步枪采用了萨科 P04R 步枪的单级扳机，其可拆卸弹匣的容量最大可达 22 发。枪托要么是胡桃木，要么是玻璃纤维材料。

自从 20 世纪 90 年代推出 Pro Hunter 后，奥地利的斯太尔 - 曼立夏公司在运动步枪领域一直很有竞争力。Pro Hunter 的枪托采用了高密度聚合材料，枪栓材料不锈钢材料，有两个前凸耳和两个后凸耳。枪管也是采用了不锈钢材料，上面有刻有 "Mannlicher" 的标志。Robar Precision Hunter 也是曼立夏公司的产品，它的构造与雷明顿 700 系列很相似，而且它还装有一根不锈钢枪管和一个麦克米兰狩猎风格的枪托。Pro Hunter 和

精密国际 Varminter 步枪	
原产国	英国
时间	1980 年
口径	5.56 毫米
重量	6 千克
全长	1155 毫米
装弹	栓动，八发可拆卸弹匣
射程	600 米

蒂卡 T3 型步枪	
原产国	芬兰
时间	1995 年
口径	7.82 毫米
重量	3.1 千克
全长	1080 毫米
装弹	栓动，三发可拆卸弹匣
射程	457.2 米

▲ 蒂卡 T3 型步枪可以搭配四种不同口径的枪管，很多部件都是塑料材质的，以减轻重量。

Robar Precision Hunter 都有很多口径的型号。

勃朗宁 Eurobolt 装有一个只能旋转 60° 的枪栓，以方便快速装弹；握把顶部装有一个释放杆，以方便使用。枪托呈驼背形，深受狩猎者的喜欢。标准的可拆卸弹匣能容纳七发子弹，当使用大口径子弹时，装弹量只有三发。

达科塔 M76 型问世于 1987 年，本质上讲它是一种雷明顿 M70 型的衍生型号，但上面有融合了毛瑟 98 步枪的很多特点。

它有一个获得专利的独特系统，该系统将气体屏障、枪栓引导和枪栓停止装置融合在一起。它能发射几种不同口径的子弹，包括 6.52 毫米和 11.63 毫米口径的子弹。

　　KK300 型步枪由德国瓦尔特公司研制，这种 5.58 毫米口径单发步枪往往还带有一个带有指孔的木制枪托。Krico 步枪是位于德国斯图加特的 Kriegskorte 公司研制的，这种 5.58 毫米口径步枪问世于 20 世纪 50 年代。Kriegskorte 公司成立的最初目的是销售过剩的毛瑟步枪，后来公司开始独自研制和生产步枪。

勃朗宁 Eurobolt 步枪	
原产国	美国
时间	1990 年
口径	7.0 毫米
重量	3.18 千克
全长	1066.8 毫米
装弹	栓动，四发可拆卸弹仓
射程	1000 米

半自动运动步枪

　　鲁格尔 10/22 型是历史上最为流行的导气式运动步枪之一，从 1964 年至今，其总产量超过 500 万支。10/22 型是专门为狩猎小动物和打靶射击而研制的，它使用 10 发或 25 发弹匣，发射 5.58 毫米口径子弹。10/22 型的结构很简单，枪管直接拧到机匣上。它有六种衍生型号——Carbine、Takedown、Sporter、Target、Tactical 和 Compact，各种型号都能搭配木制和合成材料枪托。

　　1914 年，比利时 FN 公司的工厂开始生产经典的勃朗宁 SA-22 型步枪。比利时的生产线运转了 60 多年后，SA-22 型的生产转移到日本。SA-22 型被誉为世界上第一支半自动步枪，

鲁格尔 10/22 型 步枪	
原产国	美国
时间	1964 年
口径	5.58 毫米
重量	2.3 千克
全长	940 毫米
装弹	导气式，25 发可拆卸弹匣
射程	140 米

勃朗宁 SA-22 型步枪

原产国	比利时
时间	1914 年
口径	5.56 毫米
重量	2.4 千克
全长	940 毫米
装弹	半自动，16 发内置管状弹仓
射程	91.44 米

BAR 狩猎步枪

原产国	比利时
时间	1972 年
口径	7.62 毫米
重量	2.7 千克
全长	1000 毫米
装弹	半自动，四发可拆卸弹仓
射程	550 米

它的管状弹仓能容纳 11 发长型弹或 16 发短型弹。SA-22 型还装有一个胡桃木枪托，金属部件上有蓝色的金属光泽，它在收藏领域非常珍贵。由于没有侧抛壳窗，因此侧面会很光滑，人们往往会在上面加上雕刻装饰。空弹壳从机匣底部排出，这样能保护使用者免受碎片和热气的伤害。

20 世纪 70 年代，勃朗宁公司开始将 7.62 毫米半自动狩猎步枪命名为 BAR，暗指同样名称的军用步枪的光辉历史。尽管名字相同，但它与之前的军用步枪完全不同。BAR 猎枪有四种衍生型号，分别是 Safari、LongTrac、ShortTrac 和 Lightweight Stalker。Safari 型装有一个雕刻装饰的机匣和一个带有 BOSS（弹道优化射击系统）的高质量枪托。Lightweight Stalker 型装有一个没有雕刻装饰的铝合金机匣和一个合成材料枪托。

LongTrac 型和 ShortTrac 型的区别是枪栓动作长度不同，它们都装有一个塑料扳机组件和一个胡桃木枪托。更高档的 Stalker 装有一个黑色磨砂聚合材料枪托；Mossy Oak 装有一个聚合材料枪托，全身都被喷涂上伪装迷彩色。

雷明顿 M24 型问世于 1922 年，其生产一直持续到 1935 年。M24 型的设计者是约翰·勃朗宁，它结构简单，用简单工具就能拆卸。M24 型的配置与勃朗宁 SA-22 型很相似，它的前身是 M241 型，三种型号的区别是枪管拧入的方式不同。M241 型的生产时间是 1935—1949 年，总产量超过 10.7 万支。

勃朗宁 M750 型步枪的生产始于 1955 年，这种半自动步枪有多种口径，包括 5.58 毫米和 7.62 毫米等。到 1960 年停产时，它的总产量超过 25.1 万支，取而代之的是 M742 型。M742 型采用旋转后膛、侧抛弹窗和四发可拆卸弹匣，它在问世后的 20多年里一直很受欢迎。M742 型的产量总共为 150 万支。

雷明顿 M1700 型的生产时间是 1981—2004 年，它装有一个花纹握把手枪握把和直梳式枪托，它有三种衍生型号，包括 Carbine、Special Purpose 和 Synthetic。2006 年，M750 型问世，它主要有两种型号，即 Woodsmaster 型和 Synthetic 型。Woodsmaster 型装有一个经过改进的导气系统、用于悬挂的旋转吊索和高度抛光胡桃木枪托和前护木；Synthetic 型采用的则是合成材料枪托。

雷明顿 500 系列中第一种半自动步枪是 550 Autoloader。这种 5.58 毫米口径反冲式步枪使用内置管状弹仓，弹仓容量最高为 22 发。

勃朗宁 M750 型步枪	
原产国	美国
时间	2006 年
口径	7.62 毫米
重量	3.4 千克
全长	990 毫米
装弹	半自动，四发可拆卸弹匣
射程	550 米

尼龙 66 步枪

尼龙 66 步枪是雷明顿公司比较有趣的一种半自动步枪，它问世于 1959 年末，它采用了杜邦公司研制的尼龙阻燃树脂一体式枪托。它是雷明顿公司第一种进入量产的非木制枪托步枪，尼龙 66 步枪对雷明顿公司来说是一次冒险，杜邦公司因此学到了很多经验，进而开始研制更先进的尼龙树脂材料。尼龙 66 的机匣也由尼龙树脂材料制成，它几乎不需要维护和额外的润滑。尼龙 66 使用 14 发管状弹仓，到 1989 年停产时共有 5 种衍生型

CZ511 型步枪

原产国	捷克斯洛伐克
时间	1970 年
口径	5.56 毫米
重量	3.4 千克
全长	995 毫米
装弹	半自动，八发可拆卸弹匣
射程	91.44 米

号，总产量超过 100 万支。

CZ511 型半自动步枪由捷克武器制造商研制，它装有铁质瞄准器、八发可拆卸弹匣和一个用于安装瞄准器的凹槽。此外，它还装有一个胡桃木枪托和一个用于安装吊索的旋转吊环。

R1 型半自动步枪由意大利贝内利公司研制，它使用 7.62 毫米或 9.65 毫米口径的子弹，设计简单而牢固，包含有一个 ARGO 系统（自动调节气体驱动活塞系统）以大幅度减小后坐

力。它装有优良的扳机组件、聚合材料、胡桃木枪托和一个可以安装瞄准器的导轨。它使用三发可拆卸盒状弹匣。

　　柯尔特 Match Target Competition HBAR M6700 算是 AR-15 民用版和 M16 军用突击步枪的后裔，它只有半自动射击模式，但使用者可以随时调换为打靶或狩猎模式。它既能使用 14.1 毫米北约子弹，也能使用 5.56 毫米雷明顿子弹。它的特点是装有一个多凸耳旋转闭锁枪栓，一个可抬升的贴脸颊块，一个手枪

贝内利 R1 型步枪	
原产国	意大利
时间	1980 年
口径	7.62 毫米
重量	3.31 千克
全长	1168.4 毫米
装弹	导气式，四发可拆卸弹匣
射程	550 米

◀ 意大利的贝内利公司成立于 1967 年，专门负责生产霰弹枪、步枪和手枪。在德国纽伦堡的贸易博览会上就有很多贝内利公司的产品展出。

柯尔特 Match Target Competition HBAR 步枪

原产国	美国
时间	1970 年
口径	5.56 毫米
重量	3.86 千克
全长	1000 毫米
装弹	导气式，30 发可拆卸弹匣
射程	550 米

H&K SR9 型步枪

原产国	德国
时间	1990 年
口径	7.62 毫米
重量	4.95 千克
全长	1080 毫米
装弹	半自动，五发可拆卸弹匣
射程	550 米

握把和一个 3×9 倍瞄准器。它的聚合材料枪托和握把都被喷涂成了亚光黑。

H&K 半自动步枪

M77 型问世于 1955 年，它是最受欢迎的温彻斯特半自动步枪之一。它的生产一直持续到 1963 年，总产量大约为 22 万支。这种 5.58 毫米口径步枪既可以使用可拆卸盒状弹匣，也能使用安装在枪管底部的管状弹仓。5.58 毫米口径的 M74 型的管状弹仓位于枪托内，它有两种型号，分别是 Sporting 型和 Gallery Special 型。

H&K 公司的 M91 型是另一种比较出名的半自动步枪，它衍生自军用的 G3 突击步枪，专门为美国市场设计，并于 1974 年问世。它使用 20 发可拆卸盒状弹匣。能够发射 7.82 毫米温彻斯特子弹，枪口下面可以安装一个榴弹发射器，这几乎完全复制了 G3 突击步枪的配置。尽管美国的一些州加强了枪支管控，并禁止销售 M91 型步枪，但有些狩猎爱好者还是拿到了 M91 型步枪。

H&K 公司的 SR9 型运动步枪装有一个凯夫拉材料中空指孔

▲ 对于那些想要在狩猎武器中感受到军用级别体验的人来说，Bushmaster XM16/ΛR15 步枪是一个非常不错的选择。

的枪托。此外，它的缓冲系统能有效减小后坐力，效果应该算是半自动步枪领域数一数二的。

1972 年，武器设计师马克·格温推出了 5.66 毫米口径 Bushmaster 半自动步枪，他在设计过程中借鉴了 M16 突击步枪在越南战争的经验。后来，格温武器公司被 Quality Products 公司收购，并更名为总部设在缅因州温德姆的 Bushmaster 武器公司。

格温继续研制了一系列的 Bushmaster 半自动步枪，旨在面向狩猎市场。此外，他也参与了相关的 AR15 半自动民用版和

M16 军用版突击步枪的改进工作。格温的产品之一是 5.58 毫米 Bushmaster Stainless Varmint 步枪，它装有一个可以安装瞄准器的上机匣、一个聚合材料枪托和一个高度抛光的铝制枪管。

杠杆式运动步枪

一个多世纪以来，温彻斯特这个名字就是杠杆式步枪的代名词，而且 M94 型就是人们常说的"猎鹿枪"。最初的 M94 型由约翰·勃朗宁在 1894 年设计，1964 年公司推出了现代版 M94 型。长期以来，7.62 毫米口径子弹已经成为它最常用的子弹。截至今天，各种型号的产量总共有 75 万支。

1964 年 M94 型的生产过程中有几处改变，这也带来了一些争议。部件制造由原来的冷钢加工变成了由金属粉末烧结而成。冲压钢制供弹块和销块都是空心卷成的，而不是采用冷钢。公司宣传说冷钢的质量比不上烧结钢，但人们并不相信，再加上烧结钢表面没有像以前的冷钢那样经过烧蓝处理，因此这些改变导致很多使用者仍然坚持使用 1964 年以前的 M94 型。这种想法到今天也是如此，1964 年以前的 M94 型的售价往往高于现代版 M94 型。

1982 年，M94 型的退弹系统也从顶部变成了有角度的配置，以安装望远镜瞄准器和在激烈的环境中保持竞争优势。1992 年，公司重新推出精密加工的 CNC 部件和实心销块。2003 年，公司又对保险装置重新进行设计。

温彻斯特 M71、M88 和 M9422 型都是比较著名的杠杆式步枪。M71 型问世于 1935 年，公司的设想是将它作为 M1886 型和 M1895 型的替代品。本质上讲，它是 M1886 型的升级版，

温彻斯特 M94 型步枪	
原产国	美国
时间	1972 年
口径	5.58 毫米
重量	2.72 千克
全长	994 毫米
装弹	杠杆式，21 发内置弹仓
射程	91.44 米

能够发射 8.83 毫米口径的雷明顿子弹。它也是唯一一种使用这种子弹的温彻斯特步枪。但是由于制造成本较高，销量并不好。到 1958 年停产时，它的总产量大约为 4.7 万支。

M88 型问世于 1955 年，而 1955 年也是公司成立 100 周年的时间。M88 型有全尺寸和卡宾枪两种型号，全尺寸型号的枪管长度为 559 毫米，卡宾枪型号枪管长度为 483 毫米。两种型号都使用 5.58 毫米口径子弹，它们既能使用安装在枪管下面的管状弹仓，也能使用可拆卸盒状弹匣。

M88 型也被称为百年纪念版，有人认为它是一种混合型号，因为它同时兼有一个杠杆和一个带有三凸耳的旋转枪栓。这种组合让它可以使用一些短型弹。M88 型的总产量超过 28 万支，它在温彻斯特步枪销量榜上排名第三，前两名分别是 M1892 型和 M1894 型。

M9422 型问世于 1972 年，这种 5.58 毫米口径的步枪完美再现了传统杠杆式步枪的形象，唯一的不同之处是顶部有一个用来安装瞄准器的凹槽。凭借超前的外观和可靠的性能，它深受那些喜欢荒野西部历史人们的欢迎。M9422 型使用管状弹仓，容量最多能到 21 发。2005 年，它正式停产。

很多杠杆式步枪爱好者都认为温彻斯特 M94 型的最大竞争对手是马林 M336 型。M336 型的生产始于 1948 年，并一直持续到今天。M336 型的历史可以追溯到 M1893 型，它引入了创新的闭锁系统和两件式撞针。M1893 型的退弹器位于侧面，它的生产一直持续到 1936 年，并在 1937 年被 M1936 型取代。事实上，M1936 型与老式的 M1893 型基本相同，唯一的区别是枪托、瞄准器和前护木都有所改进。

M336 型的问世也将马林公司设计师托马斯·罗宾逊的想法变成现实。M336 型没有采用早期马林步枪上的扁平弹簧，而是

温彻斯特 M88 型步枪	
原产国	美国
时间	1955 年
口径	7.82 毫米
重量	3.29 千克
全长	1079.5 毫米
装弹	杠杆式，四发可拆卸弹匣
射程	91.44 米

马林 M336 型步枪

原产国	美国
时间	1948 年
口径	7.62 毫米
重量	3.18 千克
全长	1080 毫米
装弹	杠杆式，四发管状弹仓
射程	274.32 米

马林 M336Y 型步枪

原产国	美国
时间	2001 年
口径	7.62 毫米
重量	2.95 千克
全长	844.55 毫米
装弹	杠杆式，四发管状弹仓
射程	274.32 米

采用了螺旋弹簧。此外，它还采用了侧开退弹口，一个改进的供弹器和子弹载体块，一个圆形镀铬枪机，一个管状弹仓，以及一个可以方便安装瞄准器的平顶机匣，而且大部分都装有上等的胡桃木枪托。它能发射多种口径的子弹，包括 7.62 毫米、8.89 毫米和 7.82 毫米。M336 型结构简单，做工精良，方便拆卸、维护和清洗。

马林 M336 型有四种型号，它们分别是 Marauder、Trapper、卡宾枪型号和 M336Y 型，其中 M336Y 型是专门为年轻用户设计的。马林公司还以 Glenwood 品牌名字生产一种廉价版 M336 型。它采用了众多降低成本的方法，包括枪托由胡桃木变成廉价的山毛榉。

另一种马林杠杆式步枪是 M39A 型，它的前身是 1891 年问世的 M1891 型，M1891 型也是第一种使用 5.58 毫米口径长型弹的杠杆式步枪。经过一系列改进后，M39A 型于 1937 年问世，但它与其前代（M1892、M1897 和 M39 型）差别不大。后来，马林公司在 20 世纪 50 年代又推出了 M39A 型黄金版，该型号装有一个独特的金色扳机。

M39A 型黄金版装有一个顶部平坦的机匣，抛壳窗也位于侧面，因此可以非常方便地安装瞄准器。金属部件由锻钢加工而成，带有手枪握把的枪托采用了胡桃木。管状弹仓能容纳 26 发 5.58 毫米短型弹或 21 发长型弹。它的一个显著特点是拆卸方

便，只需要转动一个螺钉就能将它一分为二。

萨维奇 M99 型衍生自 M1895 型，M1895 型是一种量产的无击锤杠杆式步枪。生产开始后不久，公司就对 M1895 型进行了略微的修改，并将其命名为 M1899 型，简称为 M99 型。M99 型使用了五发容量旋转弹仓，这种弹夹在当时很流行，但很快就被可拆卸盒状弹匣取代。旋转弹夹可以让它使用尖头子弹，并且后闭锁和凸轮可以让它使用重型子弹。M99 型的生产一直持续到 1998 年。

M99 型的制造过程属于劳动密集型，很多部件都需要手动来完成，因此相比于其他步枪，它的制造成本比较高。然而它的性能非常出色，生产时间持续了一个多世纪。

不管是老手还是新手，看到勃朗宁 BL-22 型时都会有狂野西部的感觉。这种 5.58 毫米口径步枪的最大特点是 33° 枪栓动作角度和侧面抛壳口，这样装填子弹更方便。此外，扳机会随杠杆一起移动以防夹住手指。

BL-22 型装有一个精美的胡桃木枪托，枪管和机匣都被喷涂成蓝色光泽，机匣上的凹槽还可以安装一个瞄准器。即使对新手来说，可调节瞄准器也能实现很高的精准度，而且直握把也能加强操控性。BL-22 型可以发射 5.58 毫米口径短型和长型弹，弹仓的最大容量为 15 发。

位于新泽西州的亨利连发武器公司的生产历史可以追溯到

马林 M39A 型步枪

原产国	美国
时间	1891 年
口径	5.58 毫米
重量	2.7 千克
全长	940 毫米
装弹	杠杆式，19~26 发管状弹仓
射程	91.44 米

萨维奇 M99 型步枪

原产国	美国
时间	1899 年
口径	7.7 毫米
重量	3.18 千克
全长	1066.8 毫米
装弹	杠杆式，五发管状弹仓
射程	274.32 米

勃朗宁 BL-22 型步枪

原产国	美国
时间	1969 年
口径	5.58 毫米
重量	2.27 千克
全长	933.45 毫米
装弹	杠杆式，15 发管状弹仓
射程	91.44 米

▶ 亨利大男孩（Big Boy）步枪问世于 2001 年，对于喜欢怀旧外观和大口径子弹的设计者来说，它正合他们的口味。

150 多年前。2001 年，公司推出了大男孩（Big Boy）步枪，最初的口径是 11.17 毫米，2006 年公司又推出了 11.43 毫米和 9.06 毫米口径的型号。它的主要特征是八角形枪管、10 发管状弹仓和由黄铜制成的机匣。

大男孩步枪是亨利公司第一种 11.17 毫米口径连发步枪，它延续了亨利公司使用黄铜机匣的特点。此外，它还有很大的后坐力。

大男孩步枪的运转机制与马林 M336 型很相似，都有一个立方形机匣和带有单个后凸耳的圆形枪栓。但是 M336 型通过机匣上的开口装弹；大男孩则通过管状弹仓前端的一个开口装弹。大男孩的扳机动作很硬，直握把枪托由上等的胡桃木制成。

其他现代运动步枪

几种滑动式运动步枪凭借出色的性能已经在市场上占据了一定的地位，雷明顿 M12 型就是其中一种，1909—1936 年间它的销量超过 83 万支，是历史上最畅销的运动步枪之一。它的管状弹仓位于枪管下部，最多可以容纳 22 发 5.58 毫米口径的子弹。由于外形相似，人们经常将它与雷明顿滑动式霰弹枪混淆。

与雷明顿 M12 型处于同一个时代的还有 M14 型。1910 年以前，公司任命设计师约翰·佩德森设计一种步枪与雷明顿

亨利大男孩
（Big Boy）步枪

原产国	美国
时间	2001 年
口径	11.17 毫米
重量	3.95 千克
全长	978 毫米
装弹	杠杆式，10 发管状弹仓
射程	91.44 米

M1894 型杠杆式步枪竞争，结果就是 M14 型滑动式步枪。这种滑动式步枪通过按动退弹口上的一个按钮来解锁枪栓，螺旋弹仓能防止子弹头尾接触，并通过在步枪前端和机匣之间的弹仓上的一个开口装弹。

M14 型应该算是 M12 型的升级版，能够发射威力更大的子弹。M14 型问世于 1912 年，并于 1934 年停产，它还有一种短枪管的卡宾枪型号。M14½ 型几乎与 M14 型完全相同，但它使用温彻斯特 9.65 毫米和 11.17 毫米口径子弹，它的生产时间是 1914—1931 年，并且有一种卡宾枪型号。M141 型是 M14 型的升级版，它装有一个可调节瞄准器，它的生产时间是 1935—1950 年。

1936 年，雷明顿公司推出了 M121 型，它与 M12 和 M14 型相同都属于滑动式步枪。它的特点是装有一个带有手枪握把和脸颊块的较大枪托。它的管状弹仓最大能容纳 20 发 5.58 毫米口径子弹。

1922 年，勃朗宁推出了滑动式 Trombone 步枪，并交给比利时的 FN 公司进行生产。Trombone 有乐器长号的含义，以代表它的操作动作就像是乐手操作伸缩喇叭。Trombone 步枪于 1974 年停产，它的总产量超过 1.5 万支。

温彻斯特 M61 型滑块式步枪问世于 1932 年，温彻斯特滑块式步枪的历史可以追溯到 1890 年，而 M61 型是该系列的第四种。M61 型有几种不同口径的型号，其中一种能发射 5.58 毫米口径温彻斯特马格南子弹。M61 型装有圆形或八角形枪管，而且拆卸方便，因此很容易维护、清洗和保养。此外，它还装有一个管状弹仓和淡棕色枫木枪托。到 1963 年停产时，它的总产量超过 34.2 万支。

M62 型是那个时期温彻斯特公司第二种滑动式步枪，它装有一个外凸击锤，公司希望用它来代表一个新的风格。

其他零星的运动步枪

一些现代步枪在某些方面非常与众不同，其中一种就是韦斯特利理查兹公司的 Droplock Double 步枪。当这家英国公司在 20 世纪初推出了这种步枪后，便开创了一个优雅的标准。它们都以可手动拆卸的由七个部件组成的枪栓机制而著称，都有精美的雕刻装饰并装有额外反冲垫，还装有带有雕花的顶级胡桃木枪托。它们都由手工打造，每一支都需要大约 600 小时来完成。

对于黑火药爱好者来说，雷明顿公司在 1966 年生产的 12.7 毫米口径 M700 型前装枪会让他们很兴奋。M700 型的后膛装有钢塞和撞针，完全不同于 M700 型栓动式系列。在 M700 型前膛枪上，圆筒形状的击锤位于后闩体内，而在 M700 型栓动式中同样的位置是撞针。此外，它们的合成材料枪托可以有多种颜色配置。

1985 年，Tony Knight 公司推出了 Knight MK-85 型前膛枪。MK-85 型的特点是撞针位于枪管后部，这样的配置能显著提高稳定性，即使发射 12.7 毫米口径子弹时也非常稳定。MK-85 型的枪托由合成材料制成，往往喷涂成黑色。凭借创新，Knight 公司赢得了良好的声誉，让很早以前的黑火药武器得以复兴。

雷明顿 M14 型步枪

原产国	美国
时间	1912 年
口径	5.58 毫米
重量	3.52 千克
全长	1086 毫米
装弹	滑动式，五发管状弹仓
射程	91.44 米

温彻斯特 M61 型步枪

原产国	美国
时间	1932 年
口径	5.58 毫米
重量	2.7 千克
全长	1047.75 毫米
装弹	滑动式，10 发管状弹仓
射程	91.44 米

▶ 英国的韦斯特利理查兹公司以生产高度精美和专业的步枪和霰弹枪而著称。公司还专门为王室生产独一无二的产品。